ライフステージと法

第8版

副田隆重・浜村 彰・棚村政行・武田万里子［著］

JN099239

ARMA

有斐閣アルマ

Interest

♪ 第 8 版刊行にあたって 🎵

　本書が刊行されてから 24 年，2017 年 7 月に第 7 版が
出て 2 年 9 ヵ月がたちました。この 24 年間の社会の変
化はもちろん，ここ数年だけ見ても，社会とくに女性を
とりまく法的環境は大きく変わりつつあります。重要な
法改正だけでも，国籍法（2008 年），育児・介護休業法
（2009 年），民法（2011 年，2013 年，2016 年，2017 年，
2018 年）があげられます。この第 8 版では，これらの働
く場面，消費生活の場面，結婚，離婚，親子の場面さら
に国際関係の場面などさまざまな分野において進行しつ
つある最近の重要な改革や動向をフォローしていきます。
　社会で占める女性の地位が向上するとともに，この本
も，絶えず成長していきます。

『ライフステージと法』は，みなさんの身近に起こるできごとに焦点をあて，現に経験したり，感じたりする疑問や不安を一緒に考えながら，わかりやすく，実生活に役立つ「法学案内」の役割を果たそうとしています。つまり，人が生まれてから死ぬまでの間に経験するいろいろなできごとを素材にして，ライフステージごとに，社会の中での「生きた法」の姿や「法の生かし方」を楽しく学んでみようという試みです。

　みなさんは，「法律」なんて言葉を聞いただけで，何かメンドクサソウだとか，かたくるしいというイメージをもっていませんか。世間では，どうも「法律」についてのマイナス・イメージのほうが先行してしまっているようです。日本では，残念ながら，多くの人が「法」に親しみを感じたり，「いざというときに頼りになるもの」と感じていないのが実情です。若い女性の間でも「女性に法律はカンケイナイ」などという誤解が広まっていないでしょうか。

　しかし，私たちの日常の暮らしや人生と法律との間には深い関わりがあるのです。たとえば，学生でも，大家さんがアパートの敷金を返してくれないとか，健康食品や英会話教材の訪問販売にひっかかってしまったなど，思いがけないトラブルにまきこまれることもあります。また，就職してからも，賃金や昇進，異動命令，セクシュアル・ハラスメントなど，職場で耐え難い扱いを受けることがあるかもしれません。また，恋愛や結婚，相続の問題で悩むこともあるでしょう。私たちの暮らしが平穏無事であるかぎり，「法」や「法律」などと関わりをもっているなどと感じる人は多くありませ

ん。しかし，身の回りに何かトラブルが起こると，人は「法」の知識でトラブルの悪化を防いだり，「法」に頼ってトラブルを処理する必要があることを痛感することになります。それまで遠い存在だった「法」は，じつは社会生活の中でとても重要な働きをしていることに気づくのです。

　今まで，女子学生のために書かれた「法学入門書」はほとんどありませんでした。法律の世界でも，一般教養としての「女性と法律」に力を入れてきたかどうか真剣に反省がなされる必要があります。こうした現状をふまえて，このテキストは，女子大・短大の女子学生を中心に，若い女性のための「法学入門」を徹底的に追求しました。本書は，ライフステージごとに女性が直面するさまざまな問題に焦点をあてて，女子学生自身の意見も聞きながら，女子学生のために書かれたはじめての「法学入門書」といってよいものです。もちろん，大学生だけではなく，法律に関心はあるのに，普通の法律書はどうも読む気がしないという方にも，ぜひお読みいただきたいと思っています。

> **Stage** ごとの
> 簡単な内容

Stage 1 では，社会の中で一人前に扱われたり扱われなかったりして，ちょっぴり不満を感じていたり，あるいは気楽に行動しているあなたに，あなたのことを法の世界がどんな目でみているか，「権利」や「法」がどんなものかを簡単にお知らせします。

　Stage 2・3 は，もうすぐ社会にでるみなさんにぜひ読んでいただきたい章です。この **Stage** では，女性の働く自由やいろいろな

働き方に焦点をあて，男女雇用機会均等法，労働基準法，育児・介護休業法，パートタイム労働法などがあなたの強い味方や頼りになるものかどうかを考えます。まだある女性の就職・昇進・賃金をめぐる差別に，法はどんな保護や是正のための制度をおいてくれているかを一緒にみてみましょう。

Stage 4 では，消費者として，また事故にあったときにどうしたらいいのかを考えます。いろいろある悪質な商法にひっかからないように備え，マンションやアパートの貸し借り，事故の場合の損害賠償などの知識を得ることで，かしこい消費者・社会人をめざしてください。

Stage 5 は，デート，交際中のプレゼントなど恋愛の問題をとおして，恋愛の自由と責任についてのルールを具体的に考えます。

Stage 6 では，結婚できる条件，結婚した夫婦はどんな権利や義務を負うのかを明らかにします。結婚届を出さないカップルやそこに生まれた子どもについても取り上げ，法律上の結婚の意味をもう1度考え直したいと思います。

Stage 7 は，女性の性的自由を考えながら，人工生殖や代理母などの新しい問題にも迫ります。

Stage 8 では，親と子の権利・義務，子どもの虐待，いろいろな親子の形などの話題を中心に，子どもの立場から親子法を眺めてみました。

Stage 9 は，離婚の方法，離婚の理由，離婚して問題になることなどを考えながら，「人生の再出発」として離婚を積極的にみるという立場にたっています。

Stage 10 は，親の介護，老人ホーム，介護休業制度，介護保険などのトピックスを取り上げ，日本の高齢社会が直面する深刻な現実を考えます。

Stege 11 は，相続の仕組みや遺言の仕方を具体的に説明し，死後の財産分けのトラブルとルールを取り上げます。

Stage 12 は，女性差別撤廃条約，PKO，国連の世界女性会議など世界とつながる日本の女性の問題や現状に触れます。政策決定や重要な仕事から女性が締め出されている日本の現実をみつめ，世界の女性との連帯を通じて，女性の「エンパワーメント」を考えます。

> 好き勝手に読めて役立つ

第1に，このテキストでは，何よりも読みやすさ，わかりやすさということを心がけました。法律を専門に勉強していない人に，法律嫌いにならないでもらうために，従来の法律のテキストらしくなく，しかも一定の水準や正確さを保つのは，たいへんな仕事です。この試みが成功しているかどうかは，読者のみなさんに判断していただきたいと考えています。

第2に，みなさんが疑問に感じることをクエスチョンの形で訊き，それに対する解説や説明をするというスタイルをとりました。Q＆Aの方式で貫かれていますから，自分の好きな，興味のある問題からアプローチしてください。みなさんが好き勝手に読める本をめざしました。

第3に，セクシュアル・ハラスメント，自己破産，ドメスティック・バイオレンス，悪魔ちゃんという名前のつけ方など注目される

テーマについては，コラムという形で解説を加えました。統計や実態などもできるかぎり最新のデータや情報によっています。コラムは，今起こっている問題，将来起こりうる問題を適切に考えるためのヒントとなるでしょう。

　第4に，このテキストでは，法律の条文の羅列や制度・手続の詳細は，できるかぎり省きました。法律に慣れていないみなさんが，法律アレルギーを起こさないためです。くわしく知りたい方は **Stage** の終わりに参考文献をあげておきましたので，直接それにあたってみてください。

　第5に，トラブルを解決するためにどのようなところへ相談に行き，誰に援助を求めることができるか，実際的なアドバイスを心がけています。従来の「法学入門書」は，実用性の少ないものが目立ちました。この本は実際に役立つという面にも配慮しています。

　第6に，このテキストは4人の研究者の分担執筆の形式をとっています。しかし，実際には，各自がもちよった原稿を叩き台にして，編集者を含めて全員で何度も討議を重ねてようやくできあがったものです。したがって，形式的な分担はありますが，実質は共同作品という性格の本です。内容はもちろんのこと，見出し語から言い回しにわたるまで，時間をかけたぶんだけ，いいものになっていれば本当に幸せです。みなさんなりの思い思いの読み方で，このテキストを十分に利用してください。

も　く　じ

イラスト：野末真未

著者紹介

副田隆重 (そえだ　たかしげ)

1953年1月21日生まれ

1975年　名古屋大学法学部卒業

現在，南山大学法学部教授

Stage **1**，**4**，**11**，*Column* ⑯ 執筆

〔読者へのメッセージ〕

「ま，いっか！」とあきらめないで，

「まいった！」といわせてやりましょう。

♪─────────────

浜村　彰 (はまむら　あきら)

1953年2月6日生まれ

1975年　法政大学法学部卒業

現在，法政大学法学部教授

Stage **2**，**3**，**10** 執筆

〔読者へのメッセージ〕

女性労働をめぐる法律問題は，私にとって，もっともしんどい研究分野の1つです。なによりも自分の「生き方」それ自体を厳しく問われるからです。実際，本書の執筆作業を進める過程でも，他の執筆者や編集者から深く反省を求められる場面が再三ありました。その意味で，本書は，主に女子学生向けに書かれたものですが，男子学生の方々にもぜひ読んでいただきたいと思います。

♪─────────────

棚村政行（たなむら　まさゆき）

1953年11月22日生まれ

1977年　早稲田大学法学部卒業

現在，早稲田大学法学学術院教授

***Stage* 5，8，9 執筆**

〔読者へのメッセージ〕

　執筆にあたって，学生のみなさんが，具体的にどんな問題に関心をもち，どのように法律と接したらいいのか，学生時代にもどったつもりで書いてみました。ミヒャエル・エンデの書いた『モモ』という作品に「光を見るために目があり，音を聞くために耳があるのとおなじに，人間には時間を感じとるために心がある。心に感じない時間はないもおなじだ。」という1節があります。どうか，心に感じ，胸に残る時間を大切にしてください。人生の豊かさは時間の長さではなく，密度や質だと思います。

武田万里子（たけだ　まりこ）

1957年8月13日生まれ

1980年　早稲田大学法学部卒業

現在，津田塾大学学芸学部教授

***Stage* 6，7，12 執筆**

〔読者へのメッセージ〕

　この本を読んで「法律っておもしろいんだ」「法律って大事なんだ」とちょっと思ったあなた。もっと法律の勉強をして，法律関係の仕事についてみませんか？　「私，法学部じゃないから……」なんて，関係ありません。文学部などいろいろな学部の卒業生が弁護士などになっています。法律関係の仕事もいろいろあります。女性がいつも半分いて法律に関わっている——私たち女性にとって，そういう社会が暮らしやすい社会だと思います。

1　社会人へのパスポート

みなさんが1人の個人として社会で活動していこうとする場合に，法はどのようにみなさんをサポートするのでしょうか，本当に頼りになるものなのでしょうか。この *Stage* では，選挙，取引，結婚，労働などの場面について，ごく簡単にながめてみましょう。

1 「一人前」って，何歳から？

◇ 高校卒業後あちこちで「もう一人前だね」とかいわれます。選挙の投票や結婚もできるみたいだし，いったい「一人前」扱いは何歳からですか。

一律ではない
「一人前」扱い

法の世界では，「一人前」扱いの基準は場面により一律ではありません。ここでは，不当に「半人前」扱いされたり，あるいは「まだ一人前ではありませんので……」との言い訳にごまかされたりしないためにも，いくつかの場面を説明しましょう。

(1) **選挙権** これまで 20 歳以上とされてきた投票権が，2015 年の法改正（公職選挙法等）により 18 歳以上へと引き下げられ，18 歳投票権を前提にした初めての参議院選挙が 2016 年夏に行われました。国政選挙（参議院通常選挙，衆議院総選挙）のほか，地方自治体の首長，議会議員の選挙等も同様の扱いとなっています。一方，立候補できる被選挙権については，変更はなく，衆議院議員，都道府県議会議員，市町村議会議員，市長村長の選挙が 25 歳，参議院議員，都道府県知事の場合 30 歳に達していることが必要です。選挙権にはこのような年齢上の制限がありますが，自由権や平等の保障など基本的人権に関して，一般的に年齢による制約があるわけではありません（子どもについて，その保護育成の観点から一定の配慮が必

要となるなどの例外は別にして）。

(2) **経済活動など**　次に，品物を買ったりお金を借りたりという経済活動，つまり財産上の取引などに関しては，未成年者（現在は成年年齢が20歳のため，20歳未満とされていますが，後述のように18歳に引き下げる改正がなされ，2022年4月1日から施行されます）については制限があります。財産上の契約をするには原則として法定代理人（親権者，つまり親です）の同意が必要で，同意なしで行われた契約はそのことを理由に後から取り消すことができます（未成年者が何かをもらう場合などのように，未成年者に不利益とならない場合や，自分のこづかいで何かを買うような場合は，例外として，同意は不要です）。未成年者は社会経験が乏しいので，1人で財産上の取引などを行うにはなお判断能力が十分でないことから，契約の際にこうしたサポートが必要とされますが，契約の当事者（たとえば，土地の買主や売主）となること自体には年齢の制限はありません。

他方で，バイク運転中に不注意から人にけがをさせたような場合の損害賠償責任については，責任能力（個人差があるものの，だいたい小学校卒業程度の判断能力）がそなわっていれば，未成年者でも本人が賠償義務を負い，責任能力がなければ本人に責任はなく，本人を監督すべき立場にある者（たとえば，親）が賠償責任を負います。

また，未成年者でも15歳に達していれば自分で遺言をすることができます（いずれも民法）。

(3) **結婚など**　現在の民法では，未成年者でも，男性は18歳，女性は16歳に達すれば，親の同意を得て結婚（婚姻）することができます。ただし，男女で2歳の差が設けられている点について，

今日では合理性がないということで，成年年齢を 18 歳へ引き下げる改正とともに，婚姻できる年齢を男女とも 18 歳に統一しました（*Stage 6*）。また，従来未成年者が結婚をすると成年に達したものとみなされ 1 人で法律上の行為ができるようになりましたが（成年擬制），成年年齢と婚姻できる年齢がともに 18 歳となることから，改正後はこうした擬制は不要となります。また，養子縁組については，15 歳に達すれば自分の意思で養子になることができ，一方，20 歳に達すれば養親となることができます（成年年齢が引き下げられても養親となる年齢には変更なし），特別養子の場合は，原則として養親は 25 歳以上であることが必要です（*Stage 8 3*）。

(4) **働く**　15 歳に達し中学校を卒業すれば労働者として働くことができます。ただし，18 歳未満の者には深夜労働が禁止され，危険有害業務につくことが制限されています（労働基準法）。

(5) **運転免許**　自動車などの運転免許については，16 歳で普通二輪と原付免許の取得が認められ，18 歳で大型二輪と普通自動車の運転免許，20 歳で中型免許の取得が認められます（道路交通法）。

(6) **犯罪など**　14 歳に達していれば刑事上の責任が発生しますが，20 歳未満の場合には，一般の刑事事件のような刑事罰ではなく，少年少女の健全な育成をめざして，家庭裁判所による保護処分（保護観察，少年院送致，児童自立支援施設等送致）を行うことを基本としています（刑法，少年法）。しかし，死刑，懲役または禁錮に当たる刑が定められている事件について，刑事処分が相当と判断されるときは，事件は検察官に送致され，刑事責任が問題となります。なお，犯行時 16 歳以上の少年が故意の犯罪により被害者を死亡させ

た場合は，原則として，検察官送致となりますが，動機その他の事情から，刑事処分以外の措置を相当と認めるときは，例外的に少年院送致等の処分とすることがあります。

未成年者も人権をもつ

このように「一人前」の扱いは場面によりさまざまです。重要なことは，幼児を含めて未成年者も人権を享有しているということです。未成年者は心身ともに発達途上にあるということで，すでに述べた参政権などいくつかの場面で一定の年齢制限がおかれ，また，未成年者の保護のためにそれをサポートするしくみがあるのであって，1人の人間，個人として尊重されなければならないのは当然です。

なお，現在は 20 歳が成年年齢ですが，前述したように，2018 年の法改正により，2022 年 4 月 1 日より 18 歳成人が導入されることになりました。

もっとも，こうした成年年齢の引き下げにより，18 歳から飲酒や喫煙が解禁されることはありませんし，少年法の適用年齢を 20 歳から 18 歳へと変更するのかは，別の考慮や検討が必要と考えられています。

2 どこへいけば守ってもらえるの？　私の権利

◇ レストランでバイトをしていますが，もう 2 カ月も給料を払って

くれません。経営者には支払義務があるはずなのに。私の権利を守ってもらうにはどうしたらよいでしょうか？

法は権利のメニュー 　憲法やすでに述べた民法その他の法律も，さまざまな権利を人々に保障しています。犯罪をおかした者への刑事罰を定める刑法も，処罰そのものだけではなく，殺人犯や窃盗犯を処罰することにより人の生命や財産権を守ることをも目的とするのです。法というのは，「きまり」だから従うことを強いられるもの，あるいは，人をしばるものと考えがちですが，人々の**権利のメニュー**でもあるのです。そして，権利であるからには，それらの権利の実現に国家は助力を与え，あるいは，それらの権利が侵害された場合に，それに対する救済が認められるわけです。しかし，ここで注意をしてほしいことは，法律上，権利が「ある」とか「認められている」ということは，実際にその実現や侵害に対する救済が自動的に得られることを意味しないということです。

　たとえば，上の設例で考えてみましょう。この場合のストーリーの展開として，経営者が遅れたのを詫びたうえで給料を支払ってくれることもあるでしょう。あなたの雇い主であるレストラン経営者には約束，つまり雇用契約にもとづく賃金の支払義務，みなさんの側からいえば給料の支払を受ける権利があるからです。しかし，権利があるからといって，いつもこうした展開が「あたりまえ」だと思ってはいけません。みなさんも約束はしばしば守られないことを知っているように，何回督促しても雇い主が払おうとしない場合も

ありえます。

　また，別の例で，わき見運転のトラックに接触され，車のボディが凹んでしまった場合を考えて下さい。この場合にも，事故の相手方がこちらの主張どおりの賠償（修理代）を支払ってくれることもあります。自分の不注意により他人に損害を負わせた場合には，加害者はその損害を賠償する法的な義務（不法行為責任。被害者には賠償を求める権利）があるからです。しかし，反対に，トラック運転手の側が事故の責任を認めようとしなかったり，あるいは，損害賠償の金額をめぐって話合いがつかないことも少なくありません。

　このような場合，みなさんの権利は実現されていないわけですが，はたして裁判所や警察や市役所などが積極的にみなさんの権利を実現してくれるでしょうか？　けっしてそうではありません。つまり，権利が実現されない場合（あるいは，交通事故のケースで，相手方が賠償義務の存在や範囲を争う場合のように，そもそも権利があるかどうかに争いがあれば，それを確定することも含め），その実現を求めて行動・アクションを起こさなければならないのはみなさん自身なのです。

裁判所による解決とそれ以外の方法

　紛争を解決するための方策はいろいろあります。裁判というのはそのための1つの方法であり，この場合，国家は裁判所というしくみを通じて，法律にもとづき権利の存在や範囲を明確化し，そのうえで権利内容に沿った保護が得られるようにその実現に力を貸すのです。

　裁判（訴訟）は，当事者間での自主的解決が不可能な場合に法律

的に白黒の決着をつけるものですから，解決（判決）までは一定の時間が必要であり，弁護士に依頼すれば費用もかかります（60万円以下の金銭の支払を求める場合に，原則1回の審理で即日判決が下される少額訴訟という制度も利用できますが）。訴訟以外でも裁判所が関与する形での和解や，裁判所内の処理機関である調停委員会による調停という方法もあります。

　一方，裁判所以外にも紛争解決のためのルートがあります。たとえば，行政機関やその他の機関（たとえば，国民生活センター，自治体の消費生活センター，消費者庁，労政事務所，交通事故紛争処理センター，弁護士会の法律相談窓口など）が相談業務やあっせん（紛争当事者間の話合いの橋渡し）業務にあたっており，それを通じて当事者間の自主的な合意により紛争解決に至ることも少なくありません。ですから，こうした機関を有効に利用することにより，早期に，またそれほどのコストをかけることなく，トラブルの解決ができる場合もあるでしょう。

　2006年からは，国の機関として，法的なトラブル解決のための総合案内所ともいうべき「法テラス」が全国に設置され，解決に役立つ法制度や関係機関の相談窓口についての情報提供業務や，無料法律相談業務（経済的余裕のない方に限る）などを行っています。

　みなさんは，今後ますます基本的人権の担い手として，あるいは，契約その他の法律関係の当事者として，さまざまな権利（義務）の主体となることと思いますが，「法律上権利が認められている」といっても，権利は自動的に守ってもらえるものではなく，逆にしばしば守られず，また，コストを払わなければ実現されないものなの

です。

　近代国家において，現在憲法上認められている基本的人権が歴史的にはしばしば血を流して闘いとられたものであること，あるいは，公害訴訟や薬害訴訟など長期に及ぶ裁判の結果，ようやく被害者の権利や救済が認められ，あるいは長期間の裁判闘争の結果，冤罪^{えんざい}であること（無実であること）が判明する事例も少なくないことを思い起こして下さい。

```
┌─────────────────────┐
│ ヘン!?なきまり……その │
│ 気になれば変えられる │
└─────────────────────┘
```
　さらに，みなさんの念頭においてほしいのは，「法は動く」，別の言葉でいえば，新しく立法することも含めて「法は変えられる」ということです。たとえば，つい数年前のみなさんの中学や高校時代を思い出して下さい。やたらに細かい，くだらない，わけのわからない「校則」にムカついた経験はありませんか？　学校による差はあるでしょうが，制服やカバンを統一することからはじまって，ソックスの色，前髪の長さ，スカートの丈まで，さらに学校によっては学外における生活全般にまで，大きなお世話の「きまり」が山ほどあったでしょう。そして，違反すると，お説教をされたり，ひどい場合は体罰にあたるような仕打ちを受けたり……。

　でも，なかには，生徒からの働きかけや運動の結果，合理的根拠のない校則を廃止したり，ベターなものに改善した学校も少なくないでしょうし，みなさんの中にも校内で積極的にそうした活動を経験した人もいると思います。

　学校の校則と国の法律を単純に同一視することはできませんが，

要するに，国会により制定された法律（憲法も）は，所定の手続を
とって改正することができるわけですから，かりに現在ある特定の
法律に問題があるときは，みなさんを含む主権者である国民は国会
を通じて法律を改正すればよいのです。もちろんそのためには改正
を求める意見が国会の中で多数を占めることが必要です。多数の賛
同を得るためには，さまざまな形で問題点をアピールし，世論に訴
えたり，反対者を説得したり等々の運動が必要となる場合も多いで
しょう。しかし，それに成功すれば法律は改正されるのです。
　ですから，法は不変のもの，完全なものではなく，ある特定の時
代における利害調整のためのきまりにすぎませんから，不備な点を
改めたり，あるいは，新たな規制や制度をつくるために立法するこ
ともできるものなのです。現実に，国会は，毎年かなりの数の法律
改正や新しい立法を行っています。みなさんに比較的なじみのある
もので，かねてから課題となっている改正の動きとして，夫婦別姓を
新たに認める民法の改正があります。これも，現在のしくみ——夫
婦は夫または妻の姓を名乗らなければならず別姓を認めない。実際
上はほとんど妻の側が姓を変え，それに伴う不利益を強いられる結
果となっている——が，大きな問題を孕んでいるということが，と
くに女性の側の主体的な運動の結果，社会に浸透しつつあるからで
しょう。しかし，なお反対論も強く，夫婦同姓を定める民法の規定
（750 条）が男女平等を定める憲法に違反するものではないとする最
高裁判所の判断が 2015 年 12 月に出されたこともあり（後述 *Stage
6*），早期実現は微妙です。
　Stage 2 以降では，さまざまな場面における現在の法制度や社会

のしくみが説明されます。「ふーん，こうなってるんだ」と現状を理解していただくことは重要ですが，だからといって，「法律だから正しい。きまりだからしかたがない」などと思考停止はしないで下さい。しょせんパーフェクトなものなどないのですし，制定当初から妥協の産物でしかなく不十分な法律や社会の変化についていけず改正を必要とする法律も少なくないのですから。

One more step
池田真朗・犬伏由子ほか『法の世界へ〔第8版〕』有斐閣，2020

働く自由・女であることの自由

みなさんは大学を卒業したら，あれもしたい，これもしたいと夢をふくらませていることと思います。でも，残念なことに社会人として自分の能力を発揮したくても，企業社会では「働く」うえで「女である」ことがなにかと足かせとなることが少なくありません。「働く自由」と「女であることの自由」をなんとか両立できないのか。この **Stage** では，働く女性をサポートする法律上のしくみについて均等法を中心に説明します。

1 均等法って頼りになるの？

◇ 今年卒業した先輩が「就職先を見つけるのにとても苦労したわ。学生時代はちやほやされていたけど，結局，女って損なのよね」と嘆いていました。たしかに男性と比べて女性は就職に不利とよく聞きます。でも，それっておかしくないですか？

均等法を知ってますか？
　大変おかしな話です。憲法は，「すべて国民は，法の下に平等であって，……性別，……により，……経済的又は社会的関係において，差別されない」（同14条）とはっきりと規定しています。ところが，実際の企業社会ではこうした性による差別がなかなか正されない。そこで，このような雇用の場の女性差別をなくすために，1985年に制定されたのが**男女雇用機会均等法**（均等法）です。

　この法律の施行後，女性の就業率の上昇や勤続年数の伸長などが見られ，企業の女性労働者の位置づけも徐々に変わってきました。しかし，その反面，罰則規定がないことや募集・採用等について努力義務規定にとどまったことなど，制定当初から均等法の実効性に対して強い懸念が表明されていました。こうした声をうけて，1997年6月に均等法の大幅な改正が行われました。

均等法が強化された！
　1985年の均等法は，女性が家庭責任を負っている現実との調和をはかりながら，女

性の処遇を男性並に引き上げるという，婦人福祉法的な性格を持っていました。これに対して，1997年改正均等法は，こうした性格を払拭して男女の雇用平等を明確に打ち出すとともに（1条），規制をかなり強化しました。

　それまで**努力義務**とされてきた募集・採用や配置・昇進差別については明確な**禁止規定**に改められるとともに，女性の職域固定化につながる女性優遇措置が原則的に禁止されました。また，積極的差別是正措置（ポジティブ・アクション）が新たに導入され，**セクシュアル・ハラスメント**についても**使用者の配慮義務**（雇用管理上の必要な措置を講ずる義務）が新たに創設されました。

　とはいえ，欧米諸国の性差別禁止法のように男女双方を対象とする性差別を一般的に禁止するところまでは行きませんでした。また，**間接差別**（家族手当の支給基準である世帯主条項のように，それ自体は性差別的な意図を含まない中立的基準でもその適用により差別的効果が生じるような場合）の禁止も，導入が見送られました。ただし，将来的には男女双方の差別を禁止する性差別禁止法の実現をめざし，間接差別についても引き続き検討することとされました（改正法成立に際しての衆参両院付帯決議）。

――――――――――
性差別禁止法に生
まれ変わった！
――――――――――

1997年改正から10年近く経過した2006年6月にようやく均等法は性差別禁止法として生まれ変わりました（正式名称は「雇用の分野における男女の均等な機会及び待遇の確保等に関する法律」）。これまで均等法は女性に対する差別だけを禁止していましたが（均等法

の片面的性格），諸外国の性差別禁止法に倣って，男女双方に対する差別が禁止されることになりました。たとえば，従来は労働者の募集・採用について「女性に対して男性と均等な機会を与えなければならない」とされていたのが，「その性別にかかわりなく均等な機会を与えなければならない」（5 条）というように，性差別一般が禁止されるようになったのです。

また，差別禁止の範囲が拡大されるとともに（配置・昇進差別のほかに職種変更や降格などに関する差別も禁止），間接差別の禁止が新たに設けられましたし，女性の就業に関して妊娠中・出産後の健康をはかる措置が強化されたことも，改正法の大きな特徴です。その意味で，均等法は，新たなステージに踏み出したといってよいでしょう。

◇ 均等法が強化されたといっても，罰則規定がないから性差別がなくならないのでは。それに，差別されたときに「泣き寝入りをするな」といわれても，裁判所に訴えるのはちょっとめんどうそう。

差別されたとき
のかけ込み寺

たしかに罰則規定のないことが，従来から均等法の欠陥の 1 つとして指摘されています。また，募集・採用や配置・昇進等に関する差別が禁止されているといっても，実際に裁判所に訴え出ることはなかなか難しい。そこで，均等法は，法違反があったときにお金をかけずにすばやく是正するために裁判所とは別の救済（紛争解決）制度を設けています。そのひとつは，厚生労働省が全国都道府

県に設置している**労働局**です。そこの長である**都道府県労働局長**が，当事者の言い分をよく聴いたうえで均等法違反と判断した場合には，使用者に対して速やかに差別的取扱いを中止するよう助言・指導・勧告を行います（17条）。

　もうひとつは都道府県労働局の付属機関として設けられている**紛争調整委員会**（機会均等調停会議）です（18条以下）。この委員会は，公平・中立な第三者（学者，弁護士などの学識経験者）を仲介とした労働者と使用者との話合いによる円満解決の場を提供します。労働者と使用者の双方からそれぞれの言い分を十分に聴き，歩み寄る余地がある場合には，両者が受け入れられるような調停案（和解書）を作成して，それによる円満な解決をめざします。この調停手続は，紛争当事者の一方（多くの場合は労働者）からの申請だけで開始されます。また，労働者が都道府県労働局長に援助を求めたり，調停申請をしたことを理由として，使用者が解雇その他の不利益取扱いをすることが禁止されています。

　均等法には**企業名の公表制度**が法違反の制裁措置として設けられています（30条）。使用者が均等法違反について厚生労働大臣の勧告を受けたのに，それに従わなかったときには，企業名の公表という社会的制裁が課せられるわけです。この制裁措置が発動された場合には，新聞等のマスコミで取り上げられることになりますから，企業にとっては大きなプレッシャーとなるでしょう。

　Column①　**女性優遇措置の特例とポジティブ・アクション**　～
　　前述したように均等法は，女性差別だけを規制するという片面的性格を持っていたことから，女性を優遇する措置（たとえばパートや一

般職について女性のみ募集すること）が適法とされ，その結果，女性を低条件の職域に固定化するという弊害が生み出されてきました。

　1997年の改正にあたり，この女性の職域固定化につながる女性優遇措置は原則的に禁止されました。ただし，現存する差別を是正するための女性優遇措置は特例として容認されています（8条）。たとえば，総合職を募集・採用したり，労働者を役職に昇進させるにあたって，採用・昇進基準を満たす者の中から男性より女性を優先して採用したり，昇進させたりすることは適法とされます。それに加えて，均等法は，使用者が現存する男女格差を解消するために自主的に差別是正措置を講じる場合には，国が相談・援助を行うこととしています（14条）。

　このポジティブ・アクション（固定的な性別による役割分担意識や過去の経緯から，男女労働者の間に事実上の格差があるときに，それを解消するために企業が行う自主的かつ積極的な取組み）については，厚生労働省のガイドライン（「女性労働者の能力発揮促進のための企業の自主的取組のガイドライン」）のほかに，2002年には女性の活躍推進協議会「ポジティブ・アクションのための提言」がまとめられています。それらによれば，経営トップの決断の下に，女性を含めた実行機関を設け，①現状の分析と問題点の発見，②具体的取組計画の作成，③具体的取組の実施，④具体的取組の成果の点検と見直し，という4つのステップを踏んで実施すること，とくに②について，女性の採用枠の拡大，女性の職域の拡大，女性管理職の増加などについて具体的な数値目標を掲げ，その取組状況を外部に開示することが必要とされています。こうしたポジティブ・アクションを実施することにより，女性労働者の労働意欲が向上するだけではなく，女性の活躍が男性に刺激を与えて，結果的に生産性が向上し，新しい製品が創造されたり，企業イメージが向上したりするなどの副次効果が生まれること

が期待されています。

~~~~~~

2 私の能力を買ってほしい！

◇ 30 社以上会社回りをしたのにまだ 1 社からも内定をもらってません。ある会社ではようやく役員面接まで行ったのに，「今年は女性を採用するつもりはない。世間体があるので募集をした」といわれて結局落とされました。それなら最初から面接なんかしなければいいのに！

まだまだ多い女
性の門前払い

女性の学生の就職状況は本当に厳しい。実際，会社に資料請求しても女性の学生にはなかなか返事が来ないとか，説明会や採用試験が男女別となっている，はたまた「今年の女性の採用は厳しい。はっきりいってコネがないと無理」というのが会社説明会での開会の文句であったという嘘のような話もあります。でも，あなたの体験も含めてこうした募集・採用に際しての性別を理由とする差別的取扱いは，禁止されています（均等法 5 条）。これまではもっぱら女性を対象とする差別が禁止されていましたが，これからは男性に対するこうした取扱いも禁止されるようになったことは先に述べたとおりです。

それではどのような募集・採用方法が均等法違反とされるのでしょうか。たとえば次のような募集・採用方法は禁止規定違反となります（2006年厚生労働省告示614号，以下指針という）。

> 「総合職（男子）募集」,「営業マン」,
> 「セールスレディ」,「女性歓迎」

このように採用を男女いずれかに限定するような募集・採用方法は許されません。あなたが体験したように体裁上は男女を募集するふりをしながら，実際には「今年は女性を採用するつもりはない」といって採用の対象を男女いずれかのみとすることも均等法違反となります。

> 「大卒男性70人，大卒女性30人」

募集・採用につき男女としながら，男女別の採用予定数を示したり，一方の性だけに採用人数の限度を設けたりするようなことは許されません。また，男性の選考をした後に女性の選考をするなどして，採用人員の一部について女性を排除するようなこともいけません。

> 「男性40歳，女性30歳まで」,「女性は
> 未婚者（優先），自宅通勤者（優先）」

このように募集・採用にあたっての条件を男女で異なるものとしたり，女性についてだけ特別の条件を設けることも均等法違反です。

そのほか，会社案内等の資料を男性だけに送付したり，女性への

送付時期を遅らせる。あるいは会社説明会の対象を男性だけにしたり，男性の説明会をした後に女性の説明会を開催することも禁止の対象となります。また，採用試験を女性だけ実施したり，男女別の試験を行うこともいけません。さらに，面接に際し，女性に対してのみ「結婚しても会社をやめませんね」といった質問をすることも許されません。いずれにせよ，指針の挙げるこれらの行為はあくまでも典型例を示したものですから，これらに該当しない場合でも，募集・採用に関して男性と比べて女性に不利と考えられる取扱いはすべて均等法違反と評価されることになります。

　ただし，一方の性に有利・不利な場合でも，それに合理的理由がある場合には均等法違反とはなりません（たとえば男性モデルや女優を募集・採用するような場合）。

◇ 友達は「お茶くみでもいいからとにかく就職して，適当なところでダンナを見つけたらさっさと会社をやめるわ」といっています。でも，私はやってみたい仕事があるし，その辺のチャラチャラした男なんかに絶対負けない自信があるんだけど。

女性の能力を活用し
ないのは社会の無駄

せっかく希望の会社に就職できたのにやりたい仕事につけなかったり，自分の能力が正当に評価されない。お茶くみやコピー取りにこき使われている間に，自分よりもできない男性のほうがどんどん昇進していく。これでは女性の働く意欲が萎えてしまいます。また，どういう仕事に配置されるかとか，将来昇進できるかということは，たんに働きがいだけの問題ではありません。賃金額にも大

きく影響しますし，なによりも能力の高い女性をそうした仕事に埋もれさせるのは，会社のみならず社会全体にとっても大きなマイナスです。だからこそ，均等法は配置・昇進についても男女を差別的に取り扱うことを禁止してきたわけです。

禁止の範囲が拡大

2006年改正均等法は，さらに次のように禁止の範囲を拡大しました（6条）。

労働者の配置（業務の配分・権限の付与を含む），
昇進，降格，教育訓練についての差別禁止

従来から営業職や企画業務，受付やレジ係などの特定の職務に男女のいずれかのみを配置したり，女性の昇進についてのみ係長止まりとすることなどは禁止されていました。今後は，営業職などの同一の職務に配置していても，その配置内の業務の配分について男性には外勤業務に従事させるが，女性は内勤業務だけとしたり，男性には一定額の買い付け権限を与えるが，女性にはそれを与えないなどの差別的取扱いは許されません。また，OJTや海外研修など企業内で行われるすべての教育訓練について男女で異なる扱いをすることも禁止されています。

労働者の職種・雇用形態の変更に
ついての差別禁止

これも新たに禁止されたものですが，一般職から総合職への職種変更について，男性だけをその対象としたり，女性についてのみ異なった条件や資格を求めたりすることはできません。また，有期契

約のパートから正社員への雇用形態の変更につき，そのための試験の受験資格を男女いずれか一方に限定することなども禁止されました。

募集・採用や配置・昇進などに関する差別

差別されたら採用・昇進を要求できるの!?

禁止に違反した場合には使用者に対して損害賠償を請求することができます（民法709条）。しかし，さらに進んで採用や特定の職務（位）への配置・昇進，職種・雇用形態の変更などを直接請求できるかというと，それはちょっと難しい。日本の裁判所は，使用者の契約締結の自由や人事裁量権などを理由に消極的姿勢をとっているからです（たとえば昇進差別に関して芝信用金庫事件＝東京地裁 1996・11・27 判決）。その代わり，採用や配置・昇進差別などを都道府県労働局長に申し立てれば，差別是正措置として採用や配置・昇進などを行うことを企業に勧告してくれる可能性があります。勧告に従わない場合には企業名の公表という社会的制裁が待ち構えていますから（均等法 30 条），この措置の運用次第では大きな効果が期待できます。

日本の企業はなかなかしたたかです。均等

間接差別が禁止された！

法施行に前後して「総合職」（基幹的業務）と「一般職」（補助的業務）といったコース別雇用管理制度を一斉に導入したからです。「コースごとにキャリアの形成や仕事の内容が違うのだから，その結果，男女間に配置や昇進に差がついても当然」というのが会社側の理屈です。もちろん，この 2 つのコースの

仕事の内容が実際に異なり，募集・採用に際しても男女に対して均等に門戸が開かれているのなら，一般職についたことで結果的に配置や昇進に差がついたり，賃金格差が生じたりしてもしかたありません。しかし，こうしたコース別雇用管理制度がもっぱら男女間に格差をつけるために設けられているような場合が少なくありませんし，総合職を希望する女性に対して採用面接の段階で「結婚して子どもができても家族をおいて単身赴任できますか」といった女性の不安を掻き立てるようなことをいって，一般職に希望変更させることが行われているようです。

　この点について，これまで厚生労働省は「コース別雇用管理の望ましいあり方」というガイドラインをつくって，こうした雇用管理の適正化をはかってきました。また，裁判例においても，総合職は男性，一般職は女性のみを採用・配置して処遇格差をつけ，一般職からのコース転換について上司の推薦など特別のハードルを設けていたケースについて，一般職に女性をもっぱら配置するものとして均等法6条の禁止する配置・昇進差別に該当すると判断したものが現れています（野村證券事件＝東京地裁2002・2・20判決）。しかし，コース別雇用管理制度が現実に果たす男女差別機能を効果的に抑止するためには，間接差別を明確に禁止することが必要ですし，2004年には国連の女性差別撤廃委員会が，間接差別の禁止を法律で明記するとともに，コース別雇用管理などの職域分離を撤廃するよう求めていました。

　こうして2006年改正法は，1997年改正のときから宿題として残されていた間接差別の禁止規定をようやく盛り込むことができまし

た。ただし，その導入をめぐり労使が激しく対立したこともあって，その範囲はかなり限定されています。改正均等法7条は，労働者の性別以外の事由を要件としながらも，実質的に性別を理由とする差別となるおそれのある措置を厚生労働省令で定めることとしました。具体的には以下の3つの措置が間接差別として禁止されています（均等法施行規則2条）。

---

① 労働者の募集・採用にあたって，労働者の身長，体重，体力を要件とすること
② 労働者の募集・採用や昇進・職種の変更にあたって，転居をともなう配転に応じることができることを要件とすること
③ 労働者の昇進にあたり，転勤の経験があることを要件とすること

この結果，たとえば労働者が転勤に応じられないことを理由に使用者が当該労働者の採用を拒否した場合には，間接差別に該当することになります。ただし，これらに該当する場合でも，合理的理由がある場合には，法違反とはなりません。厚生労働省の指針によれば，異なる地域の支店，支社等で管理者としての経験を積むことや地域の特殊性を経験することなどが幹部としての能力の育成・確保にとくに必要であり，かつ組織運営上，転勤を含む人事ローテーションを行うことがとくに必要であると認められる場合には，合理的理由にもとづくものとして転勤を要件とすることが認められています。実際多くの企業では，幹部候補者養成のためと称して，あるいは雇用管理上の定期的人事異動として転勤が広く実施されていますから，転勤要件が間接差別に該当すると認定されるケースは，かなり限定されることになります。

3 女だからってどうして給料が安いの？

◇ 入社希望の会社に勤めている大学 OG からいろいろ話を聞いた後
で，小声で「入社してもあまりがんばる必要はないから。どうせ男
よりずっと給料が安いんだし」といわれました。そんなことってあ
るんですか？ 女だから仕事のできない男より給料が安いなんて絶
対に納得できない！

賃金差別は立派な犯罪

残念なことに大学 OG のいっていることは
本当です。初任給のときには男女格差はさ
ほどありませんが，勤続年数を重ねるごとにこれが拡大します。女
性の場合は，30 代前半で頭打ちになり，後はいくら長く働いても
せいぜい男性社員の 7 割くらいまでしかもらえないのが実情です。

しかし，均等法が制定されるはるか以前から労働基準法（労基法）
は，「労働者が女性であることを理由として，賃金について，男性
と差別的取扱いをしてはならない」（同法 4 条）と定めています。同
じ仕事をしている人には同じ賃金が支払われなければならないとい
う当然の事理（同一労働同一賃金の原則）をとくに男女差別にかかわ
って宣言したものです。賃金格差が女性差別にあたると認定された
場合には，労基法違反の犯罪行為として刑事罰（6 ヵ月以下の懲役ま
たは 30 万円以下の罰金）が科せられますし，それだけではなく，労
働者は差別による格差分の賃金支払を損害賠償または差額請求権と
して裁判所に請求することができます。

たとえば，給与規程上，男女別々の賃金表を定めて，女性のほうの賃金上昇率を男性よりも低く抑えることがしばしば行われていますが，これは明らかに労基法4条違反として無効となり，使用者に対して男性に支払われた賃金額との差額分を請求することができます（秋田相互銀行事件＝秋田地裁1975・4・10判決）。また，賃金が職能資格に応じて決められる職能資格制度の下で，昇格差別により女性の賃金が低く抑えられている場合に，使用者の損害賠償責任を認めたり（社会保険診療報酬支払基金事件＝東京地裁1990・7・4判決），さらには同期同年齢の男性と同様に昇格したものとして差額賃金の支払請求権が認められたケースもあります（芝信用金庫事件＝東京高裁2000・12・22判決）。

　もう少し巧妙なのは，一見すると女性差別とは思えない支給基準を設けて賃金差別を行う場合です。たとえば非世帯主や勤務地の限定された従業員の基本給は26歳時の給与に据え置き，世帯主や勤務地無限定の従業員には実年齢に応じた基本給を支給するという世帯主・非世帯主，勤務地限定・無限定の基準が問題となったケースがあります。しかし，よく考えればわかるように，実際には女性の大多数は住民票上は非世帯主とされていますし，また一般的に広域配転を希望しない傾向にありますから，このような基準が適用されたら女性の賃金が低く抑えられる結果となります。こうした差別も男女賃金差別として労基法4条違反と評価されます（三陽物産事件＝東京地裁1994・6・16判決）。

同等の労働には
同一の賃金を

それでは男女の仕事の内容が異なる場合はどうでしょうか。もちろん，前述したようにコース別雇用管理制度といっても，実際には総合職と一般職との間で仕事上の差異がほとんどなく，もっぱら賃金や昇進について男女間に差をつけるために設けられているような場合には，こうした賃金格差は男女差別と考えられます（日本鉄鋼連盟事件＝東京地裁 1986・12・4 判決参照）。

やっかいなのは，男女間の仕事の内容が実際に異なり，しかもその採用や配置のしかたについて男女差別が認められないような場合です。こうした場合には仕事の内容が異なっているから，賃金格差もやむをえないというほかないのでしょうか。この問題については，労基法 4 条は，たんに同一労働同一賃金の原則を定めただけではなく，ILO 100 号条約と同様に「同一価値労働同一賃金の原則」をも定めたものと理解すべきです。したがって，男女間の仕事の内容が異なるときでも，それぞれの仕事が，それに必要とされる技能・知識・経験・努力・責任・作業条件等の点で客観的に同等の価値を有すると認められる場合には，同一の賃金が支払われなければなりません。実際，近年のケースでも，女性が，男性の仕事と比べて「労働の質と量」の点で同等の仕事に従事している場合には，たとえ仕事の内容が異なるときでも賃金差別が成立しうるとの判断が示されています（日ソ図書事件＝東京地裁 1992・8・27 判決）。

したがって，仕事の内容が異なるからといって，それだけで賃金格差が正当と判断されるわけではありません。仕事の価値に客観的な差があり，その差にきちんと対応した賃金が適切に支払われてい

るか，という観点から男女間の賃金格差が検証されなければなりません。

4 私は家庭に納まらない女

◇ 採用されるときに，結婚したら退職する旨の念書を書かせる会社があると聞くけど，そういう念書をいったん書いたら本当に会社を辞めなければならないのですか。結婚した後でもずっと仕事を続けたいと思っているのですが。

念書はただの紙切れ

結婚したらどうして会社を辞めなければならないのか。しかも，辞めさせられるのはきまって女性のほうです。若いときは「職場の花」として男性社員に愛嬌をふりまいて，そのうち職場でいい男を見つけたらさっさと結婚して家庭に納まってもらう。それが女の一番の幸せとでもいうのでしょうか。

　均等法は，「女性労働者が婚姻し，妊娠し，又は出産したことを退職理由として予定する定めをしてはならない」と定めています（9条1項）。したがって，会社の就業規則に結婚退職制が定められていても，こうした規定は禁止規定に違反するものとして無効（拘束力がない）と評価されますから，それに従う必要はまったくありません。結婚したら退職する旨の念書を使用者に提出したとしても，心配ご無用。均等法違反として念書はただの紙切れすぎないから，結婚しても堂々と働き続ければよいのです。また，仮にそうした執

拗な嫌がらせにいたたまれなくて会社を辞めざるをえなくなったと
しても，それによって被った損害については損害賠償を請求するこ
とができます。

退職・解雇の女性優先は許されない

均等法が禁止しているのは結婚退職制だけではありません。性別を理由として，定年や解雇について差別的取扱いをすることも禁止されています（6条4号）。たとえば男性60歳，女性55歳というように女性の定年年齢を男性よりも低く設定することは許されません（日産自動車事件＝最高裁1981・3・24判決参照）。

　また，バブル景気崩壊後，リストラと称して猛烈な人員削減が行われていますが，その際に会社を辞めても夫の収入があるからといって，とかく既婚女性がターゲットとされがちです。しかし，既婚女性だからといって必ずしも経済的余裕があるわけではありませんし，なによりも共稼ぎの場合に男性ではなくてなぜ女性のほうが最初に犠牲にされるのでしょうか。企業の業績悪化のためにどうしても整理解雇が避けられない場合でも，「有夫の女性」とか「30歳以上の女性」といった整理解雇基準を設定して女性労働者を優先的に解雇することは許されません。同様に希望退職者の募集に際して，女性に対してのみ退職の勧奨をしたり，こうした差別的な募集基準を設定したりすることも均等法に抵触します（6条4号）。また，経営合理化に際して，有期雇用で雇用されている労働者について，女性だけを雇止めの対象とすることも禁止されています（同上）。

妊娠・出産・産休取得
等を理由とする不利益
取扱いの禁止

従来から均等法は，女性が妊娠・出産・産前産後休業を取得したことを理由として解雇したり，退職理由とすることを禁止していました。しかし，近年，女性の妊娠・出産や母性保護措置等を受けたことを理由として解雇その他の不利益取扱いを受ける事例が増加する傾向にあったことから，2006年改正均等法は，新たにこうした不利益取扱いを広く禁止することにしました（9条3項）。

妊娠または出産に関する事由であって厚生労働省令で定めることを理由として解雇その他の不利益取扱いをすることが禁止されています。具体的には，妊娠中・出産後の健康管理に関する措置（保健指導・健康診査を受けるために必要な時間の確保）を受けたことや，妊娠・出産に起因する症状により労務提供ができなかったり，労働能率が低下したことなどを理由とする不利益取扱いが禁止されています（均等法施行規則2条の2）。

また，妊娠中または産後1年以内の女性労働者に対してなされた解雇は，使用者が妊娠等が理由でないことを証明しないかぎり，原則無効と評価されることになりました（9条4項）。

Column② セクシュアル・ハラスメント，
パワー・ハラスメント

セクシュアル・ハラスメントとは，相手方の意に反して異性の体を触る，性的交渉を迫る，卑猥な言葉を浴びせるなどの性的言動を行うことをいいます。そのうち，性的要求を拒否したことを理由に解雇や配転などの職業上の不利益を加えるものを対価型のセクシュアル・ハラスメントといい，こうした性的言動を繰り返すなどして職場環境を害するものを環境型のセクシュアル・ハラスメントといいます。

セクシュアル・ハラスメントを直接禁止する法規定はありません。しかし，その態様によっては強制わいせつなどの刑事犯罪に該当したり，民事法上の不法行為責任（損害賠償責任）が成立したりします。とくに後者の場合には，加害者本人はむろんのこと，これを放置した会社についても，働きやすい環境を保つよう配慮すべき注意義務を怠ったものとして損害賠償責任が問われることになります（福岡セクシュアル・ハラスメント事件＝福岡地裁 1992・4・16 判決）。また，セクハラ発言などを行った場合には，管理職といえども懲戒処分の対象となります（海遊館事件＝最高裁 2015・2・26 判決）。

　従来，均等法は，使用者のセクシュアル・ハラスメント防止につき配慮義務を定めていましたが，2006 年改正均等法は，使用者においてセクシュアル・ハラスメント防止の責務に対する認識が不足している傾向にあったことから，新たに雇用管理上の必要な措置（①セクハラ禁止などの基本方針の明確化と周知，②相談（苦情）体制の整備，③セクハラの事後の迅速な対応と再発防止措置）を講ずることを義務づけることにしました（11 条）。また，均等法が性差別禁止法として生まれ変わったことにともない，男性に対するセクシュアル・ハラスメントも禁止することとしました。さらに，これまでセクシュアル・ハラスメントについては，調停などの紛争解決援助の対象とされていませんでしたが，その対象とするとともに，使用者がセクシュアル・ハラスメント防止の措置義務に違反して是正勧告を受けたにもかかわらずそれに従わなかった場合には，企業名を公表できるようにしました。そして，2019 年改正均等法により，労働者が事業主にセクシュアル・ハラスメントの相談をしたこと等を理由とする事業主による不利益取扱いが禁止されました(11 条 2 項)。

　また最近では，労働相談件数のトップになるなど会社のパワー・ハラスメントが大きな社会問題となっていますが，2019 年にこれを防

止するため会社に雇用管理上必要な措置を講じることを義務づける労働施策総合推進法の改正がなされ，2020年6月から施行されました（ただし，中小企業は2022年4月から）。この法律ではパワー・ハラスメントを(1)優越的な関係を背景とした，(2)業務上必要かつ相当な範囲を超えた言動により，(3)就業環境を害すること（身体的もしくは精神的な苦痛を与えること）と定義し，使用者に対して，パワー・ハラスメント防止の社内方針の明確化と周知，苦情に対する相談体制の整備，被害を受けた労働者へのケアや再発防止などの具体的措置を講ずることを義務づけています（ただし，罰則規定はありません）。パワー・ハラスメントの内容については，身体的・精神的攻撃，人間関係からの切り離し，過大・過小な要求といった類型に沿って指針が具体的に定めています。

5 働きながら子育てする

◇ 私は子どもを産んでも仕事を続けたい。でも，赤ん坊のうちは自分で面倒を見たい。なんとか子育てしながら働き続けることはできないのかな。

M字型では社
会はもたない

まずは**図2-1**（次頁）を見て下さい。これは各国の女性の労働力人口の割合を年齢別に示したものです。スウェーデンやフランスの場合にはほぼ山なりのカーブを描いているのに，日本の場合には30代前半から30代後半にかけていったんくぼむM字型のカー

図 2-1

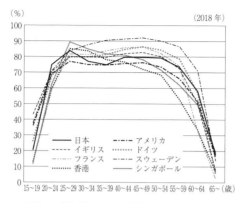

（出所） 労働政策研究・研修機構『データブック国際
労働比較 2019』

ブです。これは日本の働く女性の多くが出産のときにいったん退職
し，子どもが親の手を離れる頃に再就職する（しかもその多くはパー
トタイマーなどの臨時雇用）という行動パターンをとっていることを
表しています。どうしてでしょうか。端的にいえば，日本では子育
てはもっぱら女性の仕事とされ，しかも女性が子どもを産み育てな
がら働き続けることのできる環境が十分に整えられていないからで
す。

　また，この問題は実は高齢社会という深刻な問題にもリンクして
います。日本は，2000 年にスウェーデンを抜いて世界一の超高齢
社会になりました。となると，当然に高齢者の引退生活を支えるだ
けの若い労働力を確保しなければならない。ところが，日本の女性
の合計特殊出生率（1 人の女性が一生の間に産む子どもの数）は 1970
年代以降減少傾向にあります（2018 年で 1.42 人）。このままでは日本
の社会はいわば倒産してしまいますから，これをなんとか持ち直さ

なければならない。そのためには，やはり女性が安心して働き続けながら，子どもを産み育てることのできる環境を整備することが必要です。このような事情を背景として制定されたのが**育児・介護休業法**（「育児休業，介護休業等育児又は家族介護を行う労働者の福祉に関する法律」〔1995 年〕）です。

また，2003 年には仕事と子育ての両立を総合的にはかるために次世代育成支援対策推進法が制定されました。この法律は，国や地方公共団体による次世代育成のための環境整備を促すとともに，企業についても，仕事と子育ての両立をはかるために必要な雇用環境を整備し，そのための行動計画を策定し届け出ることを義務づけています。これを受けて，育児・介護休業法も次世代育成支援を進める上で大きな課題となっている仕事と子育ての両立支援を一層推進するために 2004 年と 2009 年に改正されました。

男女を問わない育児休業　　　もともと労基法は働く女性の出産と子育てにかかわる最低条件として，産前 6 週間（多胎妊娠の場合には 14 週間），産後 8 週間の産前産後休暇（同法 65条）と 1 日 2 回各々 30 分の育児時間（同法 67 条）を定めています。しかし，これだけでは十分な育児時間を確保できません。そこで，育児・介護休業法は，労働者に対して 1 歳未満の子（養子も含む）を養育するための休業を請求する権利を認めるとともに（同法 5 条），使用者に対しては育児休業付与義務を課しました（同法 6 条）。また，1 歳までの育児休業が終了してもその子を保育所に入所できないなどの特別の事情がある場合には，1 歳 6 カ月まで引き続き育児休業

5　働きながら子育てする　　35

を取得できることとし，さらに1歳6ヵ月に達した時点で保育所に入所できないなどの場合，再度申し出ることにより「最長2歳まで」延長できるようになりました（同法5条3項・4項，同法施行規則6条・6条の2）。正社員でなく，パートなどの有期契約で働いている場合でも，雇用期間が1年以上で，養育する子が1歳6ヵ月になって以降も引き続き雇用されると見込まれる場合には，育児休業を請求することができます（同法5条1項）。

　労基法の産前産後休暇や育児時間と異なり，育児休業を請求できるのは男女を問いません。したがって，たとえば妻のほうが先に6ヵ月間の育児休業をとり，残りの期間について夫がとるなどして夫婦交代で育児に従事することができます（この場合，休業可能期間は1歳2ヵ月まで延長されます。同法9条の2）。

遠慮不要の育児休業 労働者から1ヵ月以上前に育児休業の請求を受けたときには，使用者は原則としてこれを拒むことができません。したがって，使用者がいろいろ口実をつけて育児休業を認めないときでも，育児休業期間として請求した日から自動的に労働義務が消滅します。「育児休業をとります！」と宣言して会社を休むことができるのです。使用者は，休業の申出や育児休業をしたことを理由として労働者に対して解雇その他の不利益取扱いをしてはなりません（育児・介護休業法10条）。また，育児休業期間が終了して労働者が復職を求めたときには，使用者はもとの職場（原職かまたは原職相当職）に復帰させることが求められます（同法22条）。

会社を休まず子どもを育てるには

子どもの育児のために休業する権利はあくまでも労働者に与えられたひとつの選択肢です。というのは、仕事から完全に離れたくないとして育児休業をとらなかったり、とったとしてもできる限りはやく職場に復帰したいと望む労働者もいるからです。そこで、育児・介護休業法は、3歳までの子を養育する労働者のために育児休業に代わる選択肢として次の4つの措置を実施するよう使用者に義務づけています（同法16条の8・23条、同法施行規則34条）。

①**短時間勤務制度**　当該労働者の1日の所定労働時間を原則として6時間とすること

②**フレックス・タイム制や時差出勤制度**　始業・終業時刻につき一定の時間帯（フレキシブルタイム）を設けて労働者の自由な選択にまかせたり、始業・終業時刻を早めたり遅くしたりすることなど

③**所定外労働の免除**　労働者が請求した場合に、所定外労働（残業）を免除すること

④**託児施設の設置運営その他これに準ずる便宜の供与**　企業内託児施設（保育所）を設置・運営したり、ベビーシッターの手配やその費用を負担することなど

ただし、このうちの②と④は、業務の性質等に照らして①の措置を講ずることが困難な業務に従事する労働者について、いずれかを実施すればよいとされています。

小学校までの養育にも努力義務

また、もう1つ忘れてはならないことは、育児・介護休業法が、3歳から小学校就学前までの子を養育する労働者についても、

5　働きながら子育てする　37

育児休業や労働時間短縮等の措置を講ずるよう使用者に努力義務を課している点です（同法24条）。したがって，使用者は育児休業制を導入すればそれで足りるわけでなく，幼児期の子を養育する労働者に対してもこうした追加的な措置をとることが要請されます。

子の看護休暇 小学校に入るまでの幼児は，突然熱を出したり，怪我をしたりすることがあります。そこで，負傷し，疾病にかかった子の世話を行うために，小学校就学前の子を養育する労働者について，子1人につき年5日（2人以上は年10日）まで1日または半日単位で看護休暇をとることが認められています（同法16条の2）。使用者は，仕事が忙しいからといって労働者からのこうした申出を拒否することができませんし（同法16条の3），看護休暇の申出や取得したことを理由に解雇その他の不利益取扱いを行うことができません（同法16条の4）。

育児休業中の
所得保障を！ 育児休業制について最も問題となるのは，育児・介護休業法が育児休業期間中の賃金保障に関して何も定めていないことです。しかし，それでは，労働者が実際に育児休業をとることが非常に困難となります。そこで，こうした問題に対応するために，現在，次のような施策が講じられています。その1つは，雇用保険上の育児休業中の所得を保障する育児休業給付制度です。育休開始から180日までは育児休業する前に支払われていた賃金の67％，それ以降は50％相当の額が支給されます。もう1つは，育児休業期間中の健

康保険や厚生年金などの社会保険料の全額免除です（ただし，雇用保険については，賃金が無給の場合には保険料がゼロとなり，有給の場合には賃金支給額に一定の保険料率を乗じた金額を負担することになります）。

なんとも貧弱な保育施設 　育児休業制に関するもう 1 つの大きな問題は保育施設の充実です。育児休業を終了して職場に復帰しようとしても，子どもをあずかる保育施設が十分に整備されていないと，結局は退職せざるをえないことになってしまいます。また，新年度の 4 月には比較的に入所しやすいのですが，年度途中ではなかなか入れません。途中入所については保育所の定員枠による制限があるからです。

　そこで，これらの問題に対応するために厚生労働省は，2000 年に新エンゼルプラン，2004 年には新々エンゼルプラン（子ども・子育て応援プラン），2013 年には「待機児童解消加速化プラン」を策定するとともに，待機児童ゼロ作戦と称して，保育所の受入れ児童数を拡大する取組みを行っています。

マタハラは許さない！ 　前述したように 2006 年改正均等法により，妊娠・出産・産休取得等を理由とする不利益取扱いが広く禁止されましたが，妊娠・出産等や育児休業等を理由とする差別的取扱いやいじめ（マタニティ・ハラスメント）はなかなかなくなりません。そうした中で，最近，最高裁は，妊娠中の軽易業務への転換を契機としてなされた女性労働者の副主任を免ずる降格措置を均等法 9 条 3 項に違反する違法・無効な不利益取扱いに

あたるとする画期的判決を出しました（広島中央保健生協事件＝最高裁2014・10・23判決）。

　2016年に均等法および育児・介護休業法が改正され，使用者は，妊娠・出産等または育児介護休業にかかわる職場の上司や同僚の言動により女性労働者の就業環境が害されないように必要な措置を講ずるとともに（均等法11条の3，育児・介護休業法25条），マタニティ・ハラスメント指針を策定して，妊娠・出産等を理由とする嫌がらせ（たとえば職場の上司や同僚による「妊娠したならやめればいいのに」といった言動）を防止するよう義務づけられています。そして，2019年（令和元年）均等法および育児・介護休業法改正により，労働者が事業主にマタニティ・ハラスメントの相談をしたこと等を理由とする事業主による不利益取扱いが禁止されました（均等法11条の3第2項，育児・介護休業法25条2項）。

One more step
森ます美・浅倉むつ子編『同一価値労働同一賃金原則の実施システム』有斐閣，2010

働きかたいろいろ

女性が社会に出てその能力をどんどん発揮すべきだとしても，企業社会にしばられてゆとりを失ってしまうのは考えものです。仕事に生きがいを覚えながらも，けっして「自分」を忘れない，そういうしなやかな働きかただってあるはずです。この *Stage* では，そうした女性の多様な働きかたをめぐる法律上の問題について考えてみましょう。

1 働く自由・働かない自由

◇ 私は就職したら自分の能力を試してみたいけど，かといって男性
みたいにがむしゃらに働く会社人間にはなりたくない……

女性の保護か平等か もともと労働基準法（労基法）は，女性の
時間外・休日労働と深夜業（午後10時から
午前5時までの労働）については，男性にはない特別の保護規定を定
めていました（たとえば，時間外労働は1日2時間限度，深夜業は原則禁
止など）。しかし，均等法が制定されたときに，妊娠・出産にかか
わる**母性保護規定**を除いて女性の保護規定を将来的に撤廃する方向
が示され，それにもとづきこれらの規制の一部が緩和されました。
そして，1998年の改正に際して，こうした女性のみを保護する規
定は全面的に撤廃されることになったのです。

　たしかに女性だからといって男性と比べて身体的・精神的に弱い
わけではないし，男女の雇用機会均等を保障するのなら，母性保護
以外の女性のみの保護規定は解消されるのがすじです。第一線で活
躍している女性がよくいうように，女性保護規定がかえって女性の
進出する職場を狭めたり，女性の能力発揮を妨げる場合があるから
です。

　しかし，改正されたとはいえ，均等法はまだ不徹底な部分を残し
ています。それに，女性がもっぱら家事とか育児といった家庭責任

を負担している日本の現状（家庭責任の不平等）を考えたとき，時間外労働や深夜業の規制撤廃は，かえって女性の働く場を狭める結果ともなりかねません。そうした点を考慮して，育児・介護休業法は，小学校就学前までの子どもを養育しあるいは家族を介護する労働者について本人の請求により深夜業を免除することとしています（19条・20条）。

男性こそを女性並に
なによりも日本の男性は働きすぎです。保護規定の撤廃により女性も働き中毒の男性並に働かなければならないとしたら，これは大変ですし，女性が職場で活躍することの大きな妨げになります。ですから，発想を逆転させて，「**男性を女性並に扱う**」方向で労基法の時間外労働や深夜業の規制を強化（女性の働き方を基準とした男女共通の労働条件基準を設定）することが求められていました。

　そうした声もあってか，2018年7月にようやく働き方改革関連法が制定され，その中で，労基法が改正されて時間外労働の上限規制が強化されました。これまで労基法は，法的拘束力のない時間外労働の上限の目安時間（月45時間，年360時間）を設定して行政指導により抑制をはかってきましたが，改正労基法は，この目安時間を新たに時間外労働の上限の原則とし（同法36条2項～4項），これに違反した場合には，労基法32条違反として罰則を科すことにしました。

　とはいっても，どうしても臨時的に超過労働をさせる必要があるなど特別な事情の発生する場合がありますから，この原則の例外と

して後述する三六協定の特別条項として上限を年720時間（月平均60時間）まで設定することができます。ただし，その場合でも，1カ月について休日労働を含んで100時間未満とすること，2カ月ないし6カ月の期間における1カ月当たりの平均時間が休日労働を含んで80時間以内であること，および1カ月45時間の原則を超える月数は1年について6カ月とするとされています（同法36条5項，6項2号・3号）。

この改正により過労死などを生む長時間労働が抑制されることが期待されていますが，12カ月の各月の休日労働を含んだ超過時間を80時間以内に収めれば，労働者に年間960時間もの時間外・休日労働をさせることが可能となりますから，長時間労働を本当に抑制できるのかかなり疑わしいですし，この改正により女性の労働参加率が急速に高まるとはとうてい思えません。

なお，これとは別に，小学校就学前までの子どもを育てあるいは家族を介護している労働者が請求した場合には，1カ月24時間，1年150時間を超えて時間外労働をさせることが禁止されています（育児・介護休業法17条・18条）。

◇ 先日，退社時刻まぎわに帰り支度をしていたら，課長から突然残業をするよう命じられました。その日は楽しみにしていた5年ぶりのクラス会があるし，明日でもできる仕事だったので断ったら，「そんなことで総合職がつとまるか！」とどなられました。総合職だからといって，いつでも残業命令に従わなければならないのですか。

残業命令は絶対ではない とんでもない。総合職だからといって残業命令にいつでも従う義務はありません。労基法は，会社が労働者に対して残業や休日労働を命じるにあたって，業務の内容や残業時間数などの時間外労働の条件を定める労使協定を労働者の過半数代表（その事業場の労働者の過半数で組織する労働組合か労働者の過半数によって選出された労働者代表）と締結して，労働基準監督署に届け出ることを義務づけています（労基法 36 条，俗に三六協定といいます）。したがって，上司の残業命令に従う前に，こうした手続がきちんととられているのか，まず確かめる必要があります。また，実際に時間外労働を行った場合には 25％ 増，月 60 時間を超える場合には 50％ 増（なお，労使協定によりこの 25％ の引上げ分に代えて有給の代替休暇を与えることが可能），時間外労働が深夜業に及ぶ場合には 50％ 増，休日労働については 35％ 増の割増賃金を支払うことが必要です（同法 37 条，割増賃金令）。

　それでは，こうした労使協定が締結されている場合には，労働者は会社の残業命令にいつでも従わなければならないのでしょうか。そうではありません。これは，あくまでも法定労働時間（1 日 8 時間，週 40 時間）を超えて残業させたり，休日労働をさせても労基法違反とならないための条件にすぎませんから（三六協定の免罰的効力），使用者が労働者に時間外労働を命じるためにはそれとは別の法的根拠が必要です。それでは，使用者はどのような場合に労働者に残業を命じることができるのでしょうか。

無理なものは無理！

この点については有名なケースがあります（日立製作所武蔵工場事件＝最高裁1991・11・28判決）。最高裁判所は，使用者が労使協定を締結し，かつ就業規則で「業務上の都合により残業を命じることができる」旨の規定を定めているときは，労働者は使用者の命令に従って時間外労働をする義務があるといっています。しかし，このケースに従うと，通常の会社では，労使協定が締結されているのはむろんのこと，必ずといっていいほど就業規則にこのような残業義務規定が定められていますから，使用者は業務の都合によっていつでも労働者に残業を命じることができることになります。これでは労働者は，ご主人様の命令に服従する奴隷と大差ありません。

そこで，最近では，使用者に残業命令権があるとしても，権利の濫用は許されないから（民法1条3項），使用者側に残業を命令する業務上の必要性や緊急性がそれほどなく，労働者側に残業を拒否するやむをえない理由がある場合には，残業命令権の濫用としてその命令を無効（従う義務がない）と考えるのが一般的となっています。したがって，あなたの場合のように5年ぶりのクラス会に出席するという特別の事情があることを知りながら，明日でもできるような仕事を押しつけて残業を命じることは権利の濫用にほかなりません。そんなわからず屋の上司の命令に従う義務はまったくありません。

2 パート・アルバイトも立派な"職業"

◇ 私のアルバイト先のスーパーでは主婦パートが大勢働いています
　が，正社員と比べて待遇は悪いし，年休なんか1回ももらったこと
　がないとよく嘆いています。でも，たしかパート・有期労働法とい
　う法律があるはずですが。

**パート労働者なし
では仕事が成り立
たない**

最近の経済のサービス化にともない，パー
ト労働者やアルバイト，契約社員といった
新しい雇用形態が急増しています。とくに
商業やサービス業などでは，スーパーやコンビニのレジ係をみれば
わかるように，パート労働者やアルバイトなしでは業務が成り立た
ない状況にあります。他方，労働者（とくに主婦や学生）にとって，
パートやアルバイトは都合のいい働き方です。家事や育児あるいは
勉強と両立できる就業形態だからです。ところが，肝心の使用者の
ほうがこうした労働者側のニーズに応えるような雇用管理をきちん
と行っていない。あいもかわらず，いつでもクビを切れる安い労働
力として利用しているのが現状です。

　しかし，パートやアルバイトだって，使用者に使用され，賃金を
支払われている点では，正社員となんら違いはありません（労基法
9条）。パート労働者だからといって粗末に扱われては困るのです。

こうしたパート雇用の現状を踏まえ，労働
者が立派な職業の1つとしてこうした働き
方を積極的に選択できるように，パートの
雇用管理の適正化をめざして制定されたのがパートタイム労働法
（「短時間労働者の雇用管理の改善等に関する法律」）です。とはいっても，
パート労働者の待遇改善に関して使用者に努力義務しか課していま
せんでしたから，非常にもの足りないものでした。

　しかし，少子・高齢化が進んで労働力不足が深刻化する中でパー
ト労働者の重要性は高まるばかりです。そこで，2007年にいたっ
てパート労働法が大幅に改正され，パート労働者がその能力を有効
に発揮できるように，通常の労働者との均衡のとれた待遇の確保を
はかることとしました。

　そして，2018年にいたって，働き方改革の一環として，正規労
働者と非正規労働者との間の非合理な待遇格差を是正することを目
的として，パートタイム労働法と有期雇用労働者の均衡処遇を定め
た労働契約法20条が合体したパート・有期法（「短時間労働者及び有
期雇用労働者の雇用管理の改善等に関する法律」）が制定されることにな
ったのです（2020年4月施行）。

　そこで，以下では，有期雇用に関する事項も含めてパート・有期
法の主要なポイントをみていきましょう。

労働条件の明
示・説明義務

パート・有期労働者の雇入れの際に労働条
件が不明確だと後々トラブル発生の原因と
なりますから，パート労働者に対して，賃

金，労働時間等の労働条件をできるだけ具体的に明示することが必要です。そこで，パート・有期法は，労基法15条で定める労働条件明示義務（労働契約の期間，労働時間，賃金，退職等に関する事項）に加えて，昇給・退職手当・賞与の有無についても，文書を交付するなどして明示することを使用者に義務づけています（6条）。

また，後述するように，使用者が通常の労働者との間の均等・均衡処遇について講ずべきとされている措置の内容をパート・有期労働者に説明するとともに，当該措置に関する決定をするにあたって，どういう事項を考慮したのか，という点についても説明することが義務づけられています（14条）。

まだ残っている努力義務

ただし，従来どおり努力義務にとどまっているものも少なくありません。たとえば，パート固有の労働条件については就業規則で別個に定めることが必要ですし，その場合，パート労働者の意見をできる限り反映することが望まれます。しかし，こうした就業規則の作成・変更については，パート労働者の過半数を代表する者の意見を聴くことを努力義務としているにすぎません（7条）。

また，とくにパート労働者の多くは，家事・育児や勉強と両立できるという点でパートという働き方を選択していますから，それと抵触するような残業は原則として避けるべきです。どうしても残業させざるを得ない場合でも，使用者はそれを頭ごなしに命じるのではなく，あらかじめ雇入れの際に残業がある旨を説明しその程度を明確に示しておくべきですが，これもとくに義務づけられてはいま

表 3-1　パート労働者の年休の比例付与日数

週所定労働日数	1年間の所定労働日数	雇入れの日から起算した継続勤務期間						
		6カ月	1年6カ月	2年6カ月	3年6カ月	4年6カ月	5年6カ月	6年6カ月以上
4日	169日から216日まで	7日	8日	9日	10日	12日	13日	15日
3日	121日から168日まで	5日	6日	6日	8日	9日	10日	11日
2日	73日から120日まで	3日	4日	4日	5日	6日	6日	7日
1日	48日から72日まで	1日	2日	2日	2日	3日	3日	3日

せん。

パートにも年休の権利が

　これに対しパート労働者に対する年次有給休暇（年休）の付与は，努力義務ではありません。パート労働者が6カ月間継続勤務し，全労働日の8割以上出勤した場合には，労基法の定める日数の年休を与えなければなりません（同39条3項——罰則付き）。

　とはいっても，労働日数が少ないパート労働者に対して正社員と同じ日数の年休を付与すると不公平な結果が生じますから，労基法は週労働日数が4日以下のパート労働者については年休を労働日数に応じて比例付与することとしています（表3-1参照）。逆にいうと，週5日以上勤務しているパート労働者に対しては正社員と同じ日数の年休を与えなければなりません。ところが，実際上，パート労働者の多くには年休がまったく与えられていません。これは明らかに労基法に違反しますから，使用者に対し労基法所定の年休を請求するとともに，それでも付与しない場合にはただちに労働基準監督署

に申告することが必要です。

3 「賃金は安いし，すぐにクビを切られる」なんて！

◇ パートの賃金って本当に安い。アルバイト先のパートのおばさん
の時給を聞いたら，学生アルバイトの私とたいして変わりないんで
す。もう10年も勤めて，正社員の人にも仕事を教えられるほどの
大ベテランなのに。パートだからといって賃金が安いのはなんだか
身分差別みたい。

時給1200円だって安い！　　　パート労働者の時給は，現在だいたい
1000円ちょっとが相場でしょうか。時給
1200円を超えるとけっこう高いとの印象を受けますが正社員と比
べてやっぱり安い。正社員の場合には，通常，基本給のほかに家族
手当とか住宅手当といった諸手当や夏・冬にはボーナスが支給され
ますが，パート・有期労働者にはこうした類の賃金が支給されない
ことが少なくないですし，支給されてもごくわずかな金額です。し
たがって，たとえ時給が1200円を超えても，正社員の時間あたり
単価と比べてまだかなりの差があります。それに，退職金もパート
労働者にはほとんど支給されていませんから，それを加えると賃金
格差はもっと広がります。

こうしたパート労働者と正社員との間の賃金格差は労基法違反の賃金差別にあたらないのでしょうか。労基法4条は女性であることを理由とする賃金差別を対象としているため，パート労働者であることを理由とする賃金差別には適用されません。

労基法3条の**均等待遇の原則**はどうでしょうか。そこでは，「社会的身分を理由として，賃金……について，差別的取扱をしてはならない」と規定しています。しかし，この規定でいう「社会的身分」とは生まれながらの地位をさすと解されていますから，パート労働という雇用形態にもとづく賃金格差はここでいう差別的取扱いに該当しません。とすると，パート労働者であるための賃金格差はどうしようもないのでしょうか。

しかし，パート労働者が正社員とまったく同一の労働を行っているにもかかわらず，パートという身分のみを理由として，賃金に大きな格差を設けることはそう簡単には納得できません。そこで，従来からパート労働者の賃金差別は，**同一労働同一賃金の原則**に違反して無効であるとの見解が主張されてきました。また，臨時社員の賃金格差について，賃金額が正社員の8割以下となる場合には，均等待遇の理念に反し公序良俗違反になるとする裁判例も出されていました（丸子警報器事件＝長野地裁上田支部1996・3・15判決）。

そうした中で，2007年改正パートタイム労働法は，通常の労働者とパート労働者との間の差別的取扱いを禁止する規定をはじめて

導入しました（同9条）。ただし，パート労働者といっても，①期間の定めのない労働契約（反復更新によってこれと同視することができる期間の定めのある労働契約を含む）を締結し，②業務の内容や業務に伴う責任の程度（職務の内容）が同一で，かつ③通常の労働者と同じように職務の内容や配置が変更されると見込まれるものに限って，賃金，教育訓練，福利厚生施設等に関する待遇について差別的取扱いを禁止（同一にしなければならないものと）しました。しかし，これらの3つの要件を満たすパート労働者は，パート全体の1～2％程度にすぎなく，パートタイム労働一般について均等待遇原則を定めたものとはいえないとの批判がなされていました。

そこで，2012年の労働契約法改正にあわせて2014年にパートタイム労働法も改正され，①の要件が削除されて9条の均等待遇原則の適用範囲が若干拡大されました。それと同時に，有期労働者について新たに不合理な労働条件格差が禁止されたこと（労働契約法20条）にならって，パート労働者についても，不合理な待遇の相違を禁止する規定（パートタイム労働法8条）が設けられることになりました。

パート・有期法に
よる均衡・均等処
遇の一本化

先に述べたように2018年に働き方改革関連法が成立し，その中でパートなど非正規労働者の働くモチベーションを高めることなどを目的として，パートタイム労働法と有期雇用労働者の均衡待遇を定めた労働契約法20条を一本化してパート・有期法が制定（2020年4月施行）されることになりました。

まず，本法の9条は，従来のパートタイム労働法9条を引き継いで，通常の労働者と比べて，業務の内容およびそれに伴う責任の程度（以下，職務の内容）が同一のパート・有期労働者であって，その雇用の全期間においてその職務の内容・配置が通常労働者と同一の範囲で変更されると見込まれるものについては，基本給，賞与その他の待遇について差別的取扱いをすることが禁止されました（均等待遇）。したがって，従来のようにパートだけではなく，フルタイムで働く有期労働者についても，新たにその雇用されている期間を通して，通常の労働者と職務の内容が同じでかつ職務内容・配置が通常の労働者と同一の範囲で変更される（配転や昇進などの人材活用の仕組みや運用などが同じ）場合には，賃金等の待遇について格差を設けては（同一に扱わなければ）なりません。

　これに対し，労働契約法20条の均衡待遇の規定を受け継いだ8条は，先に説明した9条に該当しない場合であっても，パート・有期労働者の基本給，賞与その他の待遇について，職務の内容，職務内容・配置の変更の範囲およびその他の事情のうち，当該待遇の性質・目的に照らして適切と認められるものを考慮して，通常の労働者と比べて不合理と認められる相違を設けることが禁止されています（均衡待遇）。つまり，こちらの場合には，たとえば通常の労働者とパート・有期労働者の職務の内容が同一でも，配転や昇進などの人材活用の仕組みや運用などが異なっていれば，同一に扱う必要はありませんが，その他の事情を考慮して，均衡（バランス）のとれた扱いをすることが必要とされます。

この均衡待遇については，有期労働者に関して新法制定前にすでに2つの最高裁判決が出され，労働契約法旧20条に関する具体的判断が示されています。その1つのハマキョウレックス事件（最高裁2018・6・1判決）では，有期の契約社員であるトラック運転手と無期の正社員運転手との間の賃金格差が旧20条に違反しないかが問題となりましたが，最高裁は，職務の内容に相違はないが，出向等の広域異動の可能性がある無期正社員とそれがない有期契約社員との間の相違を認めつつも，職務内容が同じなのに，契約社員に無事故手当，作業手当，給食手当，皆勤手当などを支給しないことは，こうした人材活用の仕組みの違いによって説明することのできない不合理な格差であるとして旧20条違反と認定しました。

これに対し，同じトラック運転手の無期正社員と定年後再雇用された有期嘱託乗務員の賃金格差が問題となった長澤運輸事件（最高裁2018・6・1判決）では，嘱託乗務員が定年後再雇用されたことや老齢厚生年金の支給を受けられることなどを旧20条でいう「その他の事情」にあたるとして，不合理な格差とはいえないと判断しています。しかし，この判決は，両方の運転手とも配転等がないなど人材活用の仕組みに違いがないにもかかわらず，定年後再雇用などの事情を重視して労働条件格差を認めた点で，学説から批判を受けています。

その後も，続々とこの問題に関する下級審判決（たとえば大阪医科大学事件＝大阪高裁2019・2・15判決）が出されており，2020年から施行されるパート・有期法8条の運用や解釈をめぐって大きな影響

を与えるものと思われます。

◇ この間、アルバイト先の会社から突然、もう来なくてもいいといわれました。「解雇ですか」と聞いたら、解雇ではなくて契約期間の満了による雇止めだから問題がないはずだというのです。たしかにちょうど3カ月の契約期間の期限切れでした。でも、もう何回も更新して1年以上も働いています。今バイトがなくなると困ってしまうのですが。

注意して！ 使用者からの闇討（やみうち）

労働者の解雇については、労働契約法などにより厳しい制約が課せられています。とくに使用者は、合理的かつ相当な理由がないかぎり労働者を解雇することはできません（労働契約法16条）。しかし、契約期間の満了による雇止め（**更新拒絶**）の場合には、解雇にあたりませんから、こうした制約は課せられません。

とはいえ、これでは有期雇用のパート労働者やアルバイトは、労働契約の更新期を迎えるたびに今度は切られるのではないかと不安になってしまいます。そこで、有期労働契約が反復更新され期間の定めのない労働契約（無期労働契約）と実質的に異ならない状態にある場合（東芝柳町工場事件＝最高裁1974・7・22判決）、あるいは従事している業務が臨時的一時的ではなく恒常的性格を持ち労働者の継続的雇用への期待が発生する場合（日立メディコ事件＝最高裁1986・12・4判決）には、更新拒絶を実質的に解雇にあたるものとして取り扱う判例法理が確立されています。この判例法理は、2012年労働契約法改正の際に法規定化されました（同法19条）。ですから、バイト先の使用者からもう来なくていいよといわれても、おず

おずと引き下がってはなりません。使用者がやむをえないと考えられる合理的理由をきちんと説明できないかぎり，更新拒絶は無効とされますから，あなたは従来どおり働き続けることができます。

　また，同じ労働契約法改正のときに，有期労働契約が更新されて5年を超えるときに，労働者が使用者に対して無期労働契約の締結の申込みをした場合には，使用者はこの申込みを承諾したものとみなす（拒否できない！）という**無期労働契約への転換制度**（同法18条）が導入されましたから，パート・有期労働者の雇用のより一層の安定化がはかられています。

ちょっと待った！ パートのポイ捨て

　もうひとつ注意してほしい点は，パート労働者やアルバイトはしばしば**雇用調整の安全弁**として不景気になるとすぐに切り捨てることができると誤解されていることです。しかし，「安く使えて，すぐにクビを切れる」では，使用者にとって少しむしがよすぎます。パート労働者といっても，①本当に経営が苦しくなって人員を削減する必要性があること，②配転や出向，一時帰休や希望退職者の募集などパート労働者の雇止めを回避するための努力を尽くしたこと，③雇止め対象者の人選に合理性があること，④労働者の代表者等と誠実に協議したこと，といった要件を満たし，「経営危機を乗り切るための最後の手段」としてやむをえないと認められないかぎり，パート労働者の雇止めも無効と考えられます（日本電子事件＝東京地裁八王子支部1993・10・25決定）。パート労働者といえども，その雇用はしっかり守られなければなりません。

Column③ パート・有期労働者と社会保険・税金 〰〰〰〰〰〰

　パート・有期雇用といっても労働者であることには変わりありませんから，原則として社会保険が適用されます。労災保険はむろんのこと，雇用保険についても，①週所定労働時間が 20 時間以上で，②31日以上引き続き雇用されることが見込まれるときには，パート・有期労働者もこれに加入することができます。また，健康保険や厚生年金なども，週所定労働時間が 30 時間以上の場合に加入できますし，従業員規模が 501 人以上の企業では，週所定労働時間が 20 時間以上で，月額賃金が 8 万 8000 円以上のパート・有期労働者は，これらの保険に加入することができます（ただし，後に述べるようにこれらの社会保険料の支払いは年収額に応じて免除されます）。

　税金については，パート等の給与収入が 103 万円以下の場合には，所得税は課税されませんし，パート等の配偶者（納税者本人）の収入についても，配偶者控除（38 万円）を受けられます。また，パート等の給与収入が 103 万円を超え 150 万円以下の場合は配偶者特別控除として 38 万円が控除されます。ただし，パート等の給与収入が 150万円を超える場合には，その金額が増えるにつれて配偶者特別控除額が減額され，201.6 万円を超えるとこれがなくなりますし，それどころか配偶者の給与収入が 1000 万円を超えると配偶者控除までがなくなります。

　これに対し，社会保険に関しては，パート等の年収が 130 万円を超えない場合には，社会保険料を払う必要がありませんでしたが，2016年からは前述のように年収が 106 万円（月収 8 万 8000 円）を超えるなど一定の要件を満たすときには，健康保険や厚生年金の保険料を払わなければならなくなりました（「106 万円の壁」）。

　このように女性が家庭にとどまることを優遇し，働いて自立することを妨げるような税制度の見直しは少しずつ進んでいますが，中間所

得層の家庭の負担は逆に強まっています。

~~~~~~

4 能力は活かしたいけど，会社にしばられるのはいや

◇ みんな会社回りで苦労しているのに，友だちのА子だけが涼しい
顔をしています。大丈夫なのと聞いたら，「派遣にするからいいの
よ。今，パソコンの専門学校に通ってるんだ」といいます。派遣っ
てたしかに自由な感じがするけど，なんか不安定なような気もする
……。

ちょっと心配な人材派遣　　派遣というとたしかに自由な感じがします
ね。1つの会社にしばられることなく，自
分の都合に合わせて専門的知識や技術をいろいろな会社で活かせる。
また，会社にとっても即戦力の人材をすぐに確保できるというメリ
ットがあります。でも，その反面，心配なところもあります。

　図3-1（次頁）を見て下さい。派遣労働の最大の特色は，労働者
（**派遣労働者**）と使用者の関係が3者間のトライアングルから成り立
っている点にあります。通常の労働者の場合は，雇われている会社
（雇用関係）と実際に働く会社（指揮命令関係）は同一ですが，労働者
派遣の場合にはこれが2つ（**派遣元**と**派遣先**）に分かれています。こ
うした雇用形態の場合には，とかく不当なピンハネが行われるおそ
れがありますし，労働者保護の点でどちらの使用者が責任を負うの
か不明確なことも否定できません。そこで，1985年に**労働者派遣法**

図 3-1　人材派遣の関係図

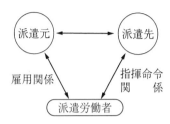

(派遣法。正式名称は「労働者派遣事業の適正な運営の確保及び派遣労働者
の保護等に関する法律」) という特別な法律がつくられて，派遣労働
者が働くうえでの条件整備がはかられています。

緩和され続ける派遣法

従来，労働者派遣は，事務用機器操作など
の専門技術的性格を持つ業務 (26 業務) に
限定して認められていましたが，1999 年改正により派遣対象業務
が**原則自由化**されました (ただし，受入れ期間最長 1 年)。その後も，
2003 年改正で緩和され (派遣先の受入れ期間最長 3 年，製造業で派遣解
禁など)，民主党政権時の 2012 年改正のときに**日雇い派遣の禁止**や
みなし雇用制度の新設等によりいったん規制が強化されたものの，
自民党政権に復帰した 2015 年 9 月の改正によりまた緩和に逆戻り
しました。アベノミクスの岩盤規制をドリルでこじ開ける「第 3 の
矢」の一環として，派遣法の性格を大きく変えたといっていいほど
大幅に緩和されたのです。

禁止された労働者派遣

もちろん派遣が大幅に緩和されたとはいえ，
派遣がまったく無制限になったわけではあ
りません。現在においても港湾運送，建設，警備の 3 業務について

は派遣そのものが禁止されています（派遣法4条）。また，医師や看護師などの医療業務についても，養護老人ホームなどの社会福祉施設等で行われるもの以外は原則禁止されています（同法施行令2条，同法施行規則1条）。

それと，前述したように2012年改正に際して日雇い派遣が禁止されました（派遣法35条の4）。派遣元は，60歳以上の高齢者や学生等の例外を除き，原則として日々または30日以内の期間を定めて雇用する日雇労働者を派遣してはなりません。2008年のリーマンショック以降大量の派遣切りがなされ，ネットカフェ難民やワーキングプアが大きな社会問題となったことを踏まえてのものです。

派遣の期間制限は
なくなった！？

労働者派遣の大幅な緩和として一番問題なのは，派遣先による派遣労働者の受入れ期間である派遣可能期間の制限緩和です。これまで派遣法は，常用雇用の代替防止という政策的観点から，派遣先による派遣労働者の受入れ期間＝派遣可能期間を原則1年から最長3年に制限してきました。しかし，2015年の派遣法改正では，派遣労働者の雇用の安定や保護を名目に，この期間制限を大幅に緩和しました。

まず，派遣労働者が派遣元に無期で雇用されている無期雇用派遣労働者の場合には，その雇用が安定していることを理由に派遣可能期間の制限が撤廃されました（派遣法40条の2第1項1号）。また，派遣労働者が派遣元に有期で雇用されている有期雇用派遣労働者については，派遣可能期間の上限は一律3年に改められました（同法

40条の2第1項・2項)。改正前の26業務については派遣可能期間の制限はなかったのですが，今後は他の業務と同様に3年が上限となります（その限りで業務の区別をする意味はなくなります）。一見「常用雇用の代替防止」という政策原理は守られたかのようです。

　しかし，派遣可能期間の制限を**個人単位の制限**でみると，派遣労働者は同じ派遣先でも組織単位つまり課を変えれば（たとえば経理課から総務課へ異動すれば），3年を超えて引き続き働くことができますし，同一の課（経理課）でも派遣労働者を変えれば（A さん→B さん）引き続き同じ業務につかせることができます（同法35条の3・40条の3）。また，派遣先の**事業所単位の制限**として3年の上限が設けられましたが，派遣先がその事業所の過半数組合または過半数代表者の意見を聴くだけで，さらに3年の間派遣労働者を継続して使用することができます（同法40条の2第3項・4項）。結局，派遣先は，同一の課で同一の派遣労働者を3年を超えて使用できないだけで，それ以外は過半数組合等の意見を聴くだけで（過半数組合等が反対した場合でも延長する理由を説明するだけで），3年ごとに更新して派遣労働者を継続的に使用できるようになったわけです。

　したがって，1985年に制定されて以来派遣法がなんとか守ってきた常用雇用の代替防止という政策原理は形骸化し，今後は派遣先で正規従業員に代わって派遣労働者がどんどん増えていくものと思われます。アベノミクスの新たな成長戦略の1つとして，企業の人件費コストの削減が可能となったわけです。

みなし雇用制度がいよいよスタートした！？

もちろん2015年改正法は，2012年改正法による規制強化をすべて巻き戻したわけではありません。従来から派遣法の法的規制のあり方として，法違反を犯した派遣先の責任が軽すぎるから，違法派遣の場合には，派遣先と派遣労働者との間に労働契約の成立を認めるべきだという主張がなされていました。それを受けて，派遣法は，とくに派遣先が派遣可能期間を超えて派遣労働者を使用した場合には，厚生労働大臣が派遣先に当該派遣労働者を雇い入れるよう勧告したり，派遣先に派遣労働者に対する雇用契約の申込みを義務づけたりするなどの制度を設けてきました。しかし，これらの制度は，あくまでも派遣先に対して公法上の義務を課すだけで，派遣先と派遣労働者との間にただちに労働契約の成立を認めるものではありませんでした。

そこで，2012年改正法は，新たに派遣先が派遣法に違反した場合に，派遣先と派遣労働者との間に労働契約が成立したものとみなす**みなし雇用（派遣先の直接雇用申込みみなし）制度**を設けました。すなわち，①派遣禁止業務への派遣労働者の受入れ，②無許可派遣元からの受入れ，③派遣可能期間の制限を超過した受入れ，④偽装請負といった違法派遣の場合には，派遣先は，これらの違法派遣を行った時点で，派遣労働者に対して当該派遣労働にかかる労働条件と同一の労働条件で，労働契約の申込みを行ったものとみなされます（同法40条の6第1項）。したがって，派遣労働者がこの申込みに承諾すればただちに派遣先と派遣労働者との間に労働契約が成立することになります（ただし，派遣先が，上記のような違法な派遣であるこ

とを知らず，かつ，知らなかったことについて過失がなかったときは，申込みのみなしは成立しません――同項但書）。

このように派遣先の善意・無過失を要件としている点で必ずしも十分とはいえませんが，派遣法が，長年求められてきた違法派遣についての派遣先の雇用責任を定めたことは画期的といってよいものでしたし，2015年改正も一応これを維持しました。しかし，このみなし雇用制度は，2012年改正時ではなく2015年10月から施行されるという猶予期間がおかれ，しかも，先に述べたように2015年9月に成立した改正派遣法は，派遣可能期間を3年に制限したとはいえ，いくらでも更新可能なものとしましたから，派遣可能期間の制限超過という違法派遣については，このみなし雇用制度はほとんど意味のないものとなってしまいました。

許可制の一本化と派遣労働者のキャリアアップ

2015年改正派遣法でなんとか「改正」と評価できるのは，労働者派遣事業をすべて許可制の下においたことと，派遣労働者のキャリアアップを許可要件の重要な柱としたことです。2015年改正前には，派遣事業は常用型派遣（常用の派遣労働者のみを雇用）と登録型派遣に分かれ，前者については届出，後者については許可が必要とされていましたが，届出だけでは派遣元を適正に規制できないことから，今改正では派遣事業すべてについて厚生労働大臣の許可を必要とすることにしました（5条1項）。

そして，その重要な許可基準の1つとして，派遣元が派遣労働者の雇用管理を適正に行う能力を有するものとし（7条1項2号），具

体的には派遣労働者のキャリアの形成を支援する制度を有することとしました（派遣法施行規則1条の4）。と同時に改正法は，派遣元が段階的かつ体系的な教育訓練等を実施することを新たに義務づけましたから（30条の2），計画的な教育訓練やキャリア相談を行って派遣労働者のスキルアップやキャリア形成をはかろうとしない悪質な派遣元は許可されず，淘汰されることになりました。

派遣スタッフのプライバシーの保護

労働者派遣事業の許可基準としてもう1つ重要なのは，2015年改正前からのものですが，派遣元が派遣労働者の個人情報を適正に管理し，その秘密を守るための措置を講じていることです（派遣法7条1項3号）。派遣元に登録された派遣スタッフの履歴等の個人情報がインターネットで売買され，容姿のランク付けがなされていたという信じられない話がありましたが，**派遣スタッフのプライバシー保護**のために個人情報の流出を防ぎ，派遣労働者からの求めに応じて情報を開示・訂正する等の措置をとることが必要です。また，業務と直接関係のない派遣労働者の個人情報を収集・保管・使用することを制限するとともに（同法24条の3），その秘密を保持すべきことが義務づけられています（同法24条の4）。

紹介予定派遣＝ジョブサーチ型派遣って？

特別な労働者派遣として，紹介予定派遣（派遣終了後に派遣先に職業紹介を予定して行う派遣）が認められています（派遣法2条4号）。自分にあった会社を見つけるのは簡単ではありませんし，就

職後に会社選びに失敗したと後悔することも少なくありません。そこで，実際に派遣で働いてみて自分にあった会社を探せるのがこの特別な派遣です。自分が気に入らなければ派遣元の紹介を断ればいいですし，派遣先も派遣で働かせてみて従業員として採用するにふさわしいかを確かめることができます。また，通常の派遣と異なり，紹介予定派遣の場合には，派遣先が事前面接など派遣労働者を特定する行為を例外的に行うことができます（同法26条6項）。

放っておけない
派遣先の勝手

このように派遣法は労働者派遣が適切に行われるようにさまざまな規制を加えていますが，残念ながら法違反が絶えません。とくに派遣先の法令を無視した横暴が目立ちます。派遣労働者がそれに文句を言ったら，派遣先が派遣スタッフの差替えを要求し，派遣元がそれに応じて結局解雇されてしまった，というひどい話も耳にします。そこで，派遣法は，派遣労働者が労働者派遣に関する法令違反を厚生労働大臣に申告できるようにし，派遣元と派遣先がこの申告を理由として派遣労働者を解雇したり，その他の不利益取扱いをしたりすることを禁止しています（同法49条の3）。また，派遣労働者の一般的な苦情相談についても，ハローワーク（公共職業安定所）が助言・援助を行い（同法52条），とくに労働者派遣について専門的知識や経験を有する**労働者派遣事業適正運営協力員**を設けて専門的助言を行っています（同法53条）。

　それともう1つ，派遣先の横暴として従来から問題とされてきたのは，派遣先による**派遣労働者の特定行為**です。派遣スタッフは若

い子に限るという年齢制限をつけたり，派遣元から派遣労働者の履歴書を送付させたり，はたまた事前に派遣労働者を面接したりするなど，派遣先があたかも雇い主であるかのような振る舞いをすることが少なくありません。しかし，本来，労働者派遣において派遣する労働者を決めるのは派遣元です。そこで，派遣法は，前述した紹介予定派遣を除いて派遣先が派遣労働者を特定する行為をしてはならないことを明記しました（同法26条6項）。法規定上は努力義務とされていますが，行政上の指針では明確にこのような行為が禁止されています（1999年労働省告示138号）。

5 「どうせ派遣だから」とはなに……

◇ 派遣社員でがんばっているはずの先輩に会ったら，「今は失業中よ」といわれてびっくりしました。派遣先の課長とけんかして派遣を打ち切られたそうです。「派遣ってたしかに時給はいいけど，ボーナスも退職金も出ないし，交通費も出ないのよ。それに，どうせ派遣だからといって簡単に切られるんだから」とプリプリ怒っていましたが。

派遣のウラオモテ　　就職情報誌で派遣の求人募集欄を見ると，自分のライフスタイルに合わせた時間を選べて，給料もけっこう高く，それでいて仕事をしながらスキルアップをはかれるというように，いいことずくめのことが書いてある場合があります。もちろんそういう面もありますが，バラ色ばかりで

はありません。2008 年のリーマンショックのときにわかったように、不況になると真っ先に切り捨てられるのが派遣労働者です。

　でも、派遣だからといって簡単にクビを切られてもしかたがないのでしょうか。派遣労働者だって労働者であることに変わりないから、そう簡単に解雇できないはずです。ただ、派遣の場合には、派遣先がいとも簡単に派遣契約を打ち切り、派遣元会社が取引上それになかなか抵抗できないために、そういったことがまかり通っているのです。

**派遣先の横暴
は許されない**
　派遣先と派遣元が結ぶ労働者派遣契約（労働者派遣に関する企業間の契約）の解除については、「派遣労働者の国籍、信条、性別、社会的身分、派遣労働者が労働組合の正当な行為をしたこと等を理由として、労働者派遣契約を解除してはならない」（派遣法 27 条）と定められています。したがって、たとえば派遣先は派遣されたスタッフが女性であることを理由に派遣契約を一方的に打ち切ることはできません。

　それでは、それ以外の理由で解除できるのでしょうか。「……したこと等を理由として」と規定されているように、この規定はあくまでも解除の禁止理由を例示的に定めたものです。これ以外の理由にもとづく解除の場合でも、公序良俗（民法 90 条）等に違反する場合には派遣契約の解除は無効とされます（たとえば、女性の派遣労働者が結婚し、妊娠し、出産したことを理由とする解除など）。また、先輩の場合のように、派遣労働者が派遣先の上司に口答えしたぐらいで

派遣契約を解除することは，解除権の濫用（民法1条3項）として無効と考えられます。

　また，派遣法は，派遣元と派遣先が労働者派遣契約を締結するにあたって，労働者派遣契約の解除に関して，派遣労働者の新たな就業の機会の確保，派遣労働者に対する休業手当等の支払いに要する費用を確保するための当該費用の負担に関する措置，その他の労働者派遣契約の解除にあたって講ずる派遣労働者の雇用の安定をはかるために必要な措置に関する事項を定めることを義務づけています（派遣法26条1項8号）。

　さらに派遣先は，その都合による労働者派遣契約の解除にあたって，派遣労働者の新たな就業機会の確保，派遣元が当該派遣労働者に対する休業手当等の支払いに要する費用を確保するための当該費用の負担その他当該派遣労働者の雇用の安定をはかるために必要な措置を講じなければなりません（同法29条の2）。

> **派遣の打切り
> と解雇は別！**

この点に関連してもう1つ注意すべきことは，派遣といっても，派遣契約の解除がただちに派遣労働者の解雇につながらないという点です。無期雇用派遣労働者の場合には，派遣労働者は派遣元と常用雇用の関係にありますから，たとえ派遣契約が解除されても派遣元会社の従業員としての地位は存続するわけです。

　これに対し，有期雇用派遣労働者の場合には，派遣契約が解除されたときには自動的に派遣元との雇用契約も終了することになりそうです。しかし，派遣先による派遣契約の解除が前述したような意

5　「どうせ派遣だから」とはなに……　　69

味で無効である場合には，法的には派遣契約はなくなりませんし，たとえ実際に派遣労働者が派遣先で働くことができないときでも，その派遣労働契約の契約期間中は派遣元との雇用契約関係は有効に存続することになります。

派遣労働者の
差替えに注意

派遣先が派遣元に対して派遣労働者の差替えを要求してきた場合はどうでしょうか。無期雇用派遣労働者の場合には派遣労働者が差し替えられても，当然に派遣元との雇用関係が終了するわけではありません。

これに対し，有期雇用派遣労働者の場合には，派遣元が差替え要求に応じたときには派遣労働者の働く場所が失われますから，契約期間途中に解雇されることになりそうです。しかし，派遣元と派遣労働者の有期雇用契約の期間途中の解約については，「やむを得ない事由」がなければできません（労働契約法 17 条）。したがって，たとえば，派遣労働者が派遣契約で定められた業務を遂行できないなど，派遣先からの差替え要求に合理的理由がある場合に限って，差替えによる派遣労働者の解雇もやむをえないものと考えられます。

しかし，派遣先の差替え要求に合理的理由がないのに，派遣元がこれに応じたときには，派遣労働者を解雇することはできません。不当な差替え要求に従った派遣元の責任として，派遣労働者は，派遣元に対して契約期間中の賃金を支払うよう請求するか，新たな派遣先を紹介するよう請求することができます。

最後に，2018年に働き方改革関連法が制定されたときに，前述したようにパート・有期法でパート労働者等の均等・均衡待遇が明記されましたが，同時に労働者派遣法も改正されて同様の均等・均衡待遇が法定化されました（2020年4月施行）。それまでは，派遣元に対して，派遣労働者と同種の業務に従事する派遣先の労働者の賃金水準との均衡を考慮しつつ，一般の労働者の賃金水準等も勘案して，派遣労働者の賃金を決定する配慮義務などが定められるにとどまっていました（同法旧30条の3）。これに対し，今回の改正法は，派遣先に対して，派遣労働者が従事する業務ごとに同一職務内容の派遣先の通常の労働者の賃金等に関する待遇の情報を提供することを義務づける（26条7項）とともに，パート・有期法と同様の均等待遇（30条の3第2項）と均衡待遇（同条第1項）を定めました。

　ただし，パート・有期労働者とちょっと違うのは，派遣労働者の均等・均衡待遇については，労使協定による特例を認めていることです（30条の4）。すなわち，派遣元が過半数組合または過半数代表者と派遣労働者の待遇について，㋐派遣労働者の業務と同種の業務に従事する一般労働者の平均的賃金額と同等以上の賃金額であること，㋑派遣労働者の職務の成果・意欲・能力等の向上があった場合に賃金を改善することなどを定めた場合には，均等・均衡待遇が適用除外され，同一職務内容の派遣先の通常の労働者と異なる待遇を定めることが可能とされています。これは，派遣労働者の賃金等の待遇が派遣される派遣先ごとに異なる可能性があるという特殊

な事情を考慮したものですが，同じ仕事につく派遣先労働者と派遣労働者の待遇格差が固定される危険があることは否定できません。

One more step

中野麻美・NPO 法人派遣労働ネットワーク編『新しい労働者派遣法の解説』旬報社，2016

スマートな消費者を
めざして

投票権も認められ，一応「一人前」気分のみなさんですが，なにせ社会経験が乏しいので，さまざまな悪質商法にハマってしまったり，強気の家主や事故の相手方の一方的な主張に押し切られてしまうこともあるかもしれません。そんな目にあわないように，契約や損害賠償といったカタイ話をなるべくわかりやすく解説しましょう。

1 悪質商法にだまされるな！

◇ 帰宅途中に駅前で「新製品の香水のアンケートに協力して」と呼び止められ，近所の喫茶店へ。でも，アンケートの後，化粧品セット30万円の購入をしつこく迫られ，買うまで帰さんゾという雰囲気……。断りきれずにいるうちに終電もヤバくなり，気の弱い私は分割払いの契約書にサイン。アーァ，自己嫌悪の私だが，契約をキャンセルしたい。ダメかなぁ？

いろいろある悪質商法

街頭でアンケートにご協力を，などと呼び止め喫茶店や事務所に連れていき，実はしつこく商品などを買えと迫るのを，**キャッチセールス**といいます。自宅に電話をかけて「抽選でノートパソコンが当たりました」とか「アンケートに答えていただければ海外旅行に安く行けます」などといって事務所まで誘いだし，商品（たとえば，英会話教材など）を売り込むのを，**アポイントメントセールス**といいます。どちらも販売の目的をかくして消費者を誘いだし高額な商品を売りつける手口で，社会的経験の乏しい若者たちをターゲットとしています。「いやなら断ればいいのに」と思う読者も多いでしょうが，そこは相手もプロですから，「カモ」のあいまいな応答につけこんで断れない状況をつくりだし，買わせてしまうのです。

こうした，販売目的をかくした勧誘，詐欺的あるいは強引な勧誘による販売方法は悪質商法と呼ばれ，被害が絶えません。手口や対

表 4-1　悪質商法の種類

アポイントメントセールス　　キャッチセールス　　電話勧誘商法　　押しつけ商法（ネガティブ・オプション）　　ネズミ講　マルチ商法　　かたり商法　　見本工事商法　　資格商法　SF商法（催眠商法）　　霊感商法・開運商法　　内職商法・モニター商法　　原野商法　　測量商法　　現物まがい商法　etc.

象商品もさまざまで，被害者も，商品に対応して若者から高齢者まで広い範囲に及んでおり，**表 4-1** のようにさまざまなものがあります。とくに最近若い人の被害が増えているものに，**マルチ商法**（最近では「ベンチャーで勝ち組に」とか「ネットワークビジネス」として勧誘しています）があります。そのしくみは，ある商品（健康食品，化粧品，浄水器など）を買って組織の会員となり，その人がさらに商品を売ったり新しい買主を紹介して会員を増やしていくと，それに応じて高額の手数料がもらえる，と甘い言葉で誘って商品を買わせ，入会させるというものです。会員が新会員を見つけられる限り（つまり会員が無限に増大すれば），みんながもうかる計算になりますが，実際はほとんど新会員を見つけられず，結局，自分が支払った金（通常，商品代金や入会金などでかなりの金額となります）すら取り戻せません。友人などを勧誘して組織に巻き込むことも多く，その場合，勧誘した者は被害者であると同時に加害者の立場にもなるわけです。

　それでは，このような悪質商法により契約をしてしまった場合，消費者は「契約だから」ということであきらめ，泣き寝入りするしかないのでしょうか。答えはノーです。

契約は守らなければならないが……

　私人間の契約に適用される民法のルールでは，契約は両当事者の合意があってはじめて成立します。原則として書面による必要

はなく，口頭の合意でもかまいません。そして，結ばれた契約は両当事者を拘束し，後で気が変わったとかいらなくなったという理由で契約を白紙に戻すことはできません。

　しかし，ちょっと待ってください。法的に契約が当事者を拘束するのは「有効な」契約だからです。したがって，契約に問題があり有効でない場合，たとえば，契約内容が著しく反社会的なものであったり，あるいは，だまされたり脅されたりして契約を結んだような場合は，民法上も契約の拘束力は完全ではありません。また，契約書にサインがあるものの，それがアンケートとしての記名にすぎず，契約書と認識したうえでのサインではない場合には，そもそも合意はなく，契約は成立していないともいえるでしょう。つまり，悪質商法にハメられて契約書にサインしてしまったときでも，民法などの法律上，契約の効力が否定される場合（くわしくは，82頁）にあたれば，契約上の責任を負うことはないのです。

　さらに，こうした民法のルールの他に，**特定商取引法**（「特定商取引に関する法律」）（従来，訪問販売法といいましたが，2001年6月から名称が変わりました）や**割賦販売法**のような特別法があり，販売方法などを規制するとともに，消費者を保護しています。これらの特別法の規制や消費者保護の内容は，各種の取引形態により多少異なりますが，主なものは，取引内容を明示するために書面の交付を業者に義務づけていることと，一定期間内であれば消費者は一方的にその取引を白紙に戻すことができる，いわゆる**クーリングオフ**（cooling off）が認められていることです。とくにこのクーリングオフにより，「頭を冷やして考えてみたら，契約するわけがなかった」とい

う場合には，違約金などの支払をしないで一方的に撤回することができるわけで，消費者にとっては非常に強い味方です。さらに**中途解約**ができる場合（これについては後述），不実告知や重要事項の故意の不告知の結果結んでしまった契約の**取消権**が認められる場合があります。

　また，2000年にできた**消費者契約法**は，消費者と事業者間で結ばれる消費者契約について，販売方法を問わず，事業者からの不適切な勧誘（誤認行為，困惑行為）を受けて消費者がした申込みや承諾を取り消す権利を認め，契約内容についても，消費者の利益を一方的に害する不当条項は無効と定めています（後述84頁参照）。

　加えて，こうした消費者被害トラブルの防止の観点から，個々の消費者に代わって，一定の消費者団体（適格消費者団体）が消費者全体の被害防止のために事業者の不当な行為そのものの差止めを請求できる制度（消費者団体訴訟制度）がすでに導入され（消費者契約法2006年改正，特定商取引法2008年改正等），また最近では，差止めだけでなく，一定の消費者団体（特定適格消費者団体）が関与して，所定の被害の損害賠償や代金返還などを集団的に回復するための特別の裁判手続が2016年10月から導入されています（消費者裁判手続特例法）。

◇ どんな商品でも，どんな取引でもクーリングオフができるの？
　何日以内ならクーリングオフができるの？　現金で支払った場合
　は？　デパートで衝動買いした場合やインターネットで業者のホー
　ムページを見て注文した場合は？　具体的にはどうやってするの？

表 4-2　クーリングオフの対象

訪問販売・電話勧誘販売　原則としてすべての商品・役務・特定権利── 8 日間	
特定継続的役務提供　エステ・外国語会話など（店舗契約を含む）── 8 日間	
業務提供誘引販売取引（内職，モニター商法）（店舗契約を含む）───20 日間	
連鎖販売取引（マルチ商法）　すべての商品・権利・役務（店舗契約を含む）──20 日間	
＊通信販売には適用なし　　＊デパートでの衝動買いも当然適用なし	
訪問購入についても，クーリングオフが認められました（2012 年改正）── 8 日間	

（1）　**クーリングオフの対象**　クーリングオフは特別法にもとづく権利ですから，クーリングオフができるかどうかは，それぞれの法律の規定によります。現在クーリングオフが認められている主なものは，特定商取引法が定める 6 つのタイプの販売類型の内，通信販売を除く 5 つのタイプ，および，後述の訪問購入です（**表 4-2**）。

> ハマってしまった人
> のクーリングオフ

まず，**訪問販売**（販売業者が営業所以外の場所で契約の申込みを受けまたは締結した場合をいい，前述のキャッチセールスやアポイントメントセールスを含みます），**電話勧誘販売**（販売業者が電話をかけて勧誘し，郵便・電話等で契約の申込みを受けまたは締結した場合をいいます）の場合，8 日間のクーリングオフが認められます。2008 年の法改正以降すべての商品，役務（サービス）を対象とし，（リゾート施設・スポーツ施設，語学の教授を受ける権利など）3 品目の指定権利が含まれました。2016 年の法改正により，これらに加えて，社債その他の金銭債権，株式等が対象とされました（「特定権利」と呼ばれます）。これに対して，3000 円未満の現金取引，化粧品・健康食品など政令で消耗品とされている商品について，「消費・使用の後は，クーリングオフ不可」ということを書面で知らされていながら，買主が消費・使用した場合，その通常小売される最小の小売単位（バラ売りの単位）に

ついては，クーリングオフはできません。

　連鎖販売取引（前述したマルチ商法）および，**業務提供誘引販売取引**とよばれる内職商法（商品等を利用した仕事・内職を紹介するので高収入が得られるとして，勧誘し，関連する商品等を買わせる），モニター商法（商品を購入してモニター会員になれば，商品アンケートや展示会参加により高額のモニター料が得られるとして，商品等を買わせる）については，20日間のクーリングオフが認められます。

　さらに，いわゆる**特定継続的役務提供**（従来はエステティックサロン，外国語会話教室，学習塾，家庭教師派遣，パソコン・ワープロ教室，結婚相手紹介サービスの6種でしたが，2016年改正により政令で美容医療が追加され7種となりました）の場合も，8日間のクーリングオフが認められています。これらは店舗で契約した場合でも可能です。

　なお，インターネットで業者のホームページを見て注文した場合は，カタログ販売と同様に通信販売にあたりますので，クーリングオフは認められません。ただ，2008年の法改正により，通信販売の場合の返品規制がより強化され，返品の不可・条件等の特約を広告やウェブサイトに表示していない場合，8日間は，送料は消費者負担ですが返品（契約解除）できることになりました（返品不可の特約等が表示されている場合は，それにより返品不可となります）。

　なお，2012年の法改正では，販売と異なる「**訪問購入**」（自宅を訪ねて貴金属などを不当な安値で強引に買っていく「押し買い」）もクーリングオフの対象とされました（8日間）。

　(2)　**クーリングオフができる期間**　　クーリングオフ期間は，訪問販売の場合，クーリングオフができることとその方法を記載した

図 4-1　契約解除通知書

```
              契 約 解 除 通 知 書

  私が〇年〇月〇日に貴社と締結した〈商品名〉の売買契約を解除し
ます。については，私が支払った金△円を銀行口座［銀行名，口座番号］
へ至急振り込んで返還し，商品も至急引き取って下さい。


      年　　　月　　　日

            購 入 者　　住　所
                        氏　名　　　　　　　　　　　　印

  相 手 会 社　　住　所
                社　名
                代 表 取 締 役　　　　　　　　　　　殿
```

書面の交付を受けた日（当日を含みます）から計算して，8 日間です
（この書面の交付を受けていなかったり，書面は受け取ったがクーリングオ
フができることの記載がなされていないような場合は，いつまででもクー
リングオフができます）。休日は関係ありません。その書面を受け取
った翌週の同一曜日のうちに（たとえば，水曜日に書面の交付があった
としますと，翌週の水曜日までに）クーリングオフの書面（図 4-1 参照）
を発送して下さい。期間内に発送さえすれば，到着が 8 日を過ぎて
いてもかまいません。期日内に発送したことを証明するためには，
内容証明郵便を利用するのが不可欠です。

　(3)　**クーリングオフの効果**　　クーリングオフを期間内にすれば，
契約はなかったことになり，代金支払義務もなくなります。業者の
ほうは，受け取った代金の返還義務，商品の引取りの義務が生じま
す。引取りにかかる費用も業者の負担です。

　なお，クレジットを利用して購入した場合の扱いについては，後

述85〜86頁をみて下さい。

困ったときは消費
生活センターへ

このように，自分が巻き込まれたトラブル
でクーリングオフができるかを含めて，その他の手立て（後述）があるかどうかをめぐって専門家のアドバイスがほしいところですね。「法律→専門家→弁護士→高い！」という連想をする人も多いかもしれませんが，心配はいりません。法律事務所以外にも，消費者トラブルについて，そうしたアドバイスをしてくれる機関として，各都道府県や市区町村の**消費生活センター**があります。このセンターは，自治体の消費者行政の一機関ですが，それぞれ相談窓口があり，専門の相談員が，電話や面接で相談に応じ，問題解決のための手助けを無料で行っています。法のしくみは複雑ですし8日間という期間はすぐにたってしまいますから，困ったときはまず消費生活センターへ相談することをおすすめします。なお，これらのセンターは，商品の欠陥や欠陥商品からの被害の相談も受け付けています。

◇　クーリングオフの期間が過ぎてしまったら，もう契約から抜けられませんか？　販売業者の説明にウソがあったり，買主が高校生のように未成年の場合はどうでしょうか？

クーリングオフがダメ
でも打つ手はある！

クーリングオフが認められなくても，特定商取引法により，一定の場合に中途解約権が認められること（後述87頁以下）がある

ほか，下記のように，同法により，誤認により契約した場合の取消権，過量販売の場合の解除権があり，また，消費者契約法により，誤認・困惑により契約した場合の取消権，過量販売の場合の取消権が認められています。さらに，契約内容が社会的にみて妥当でない場合，消費者に一方的に不利益な場合や契約の締結の経緯に問題（たとえば詐欺や強迫）があるような場合には，民法上も契約の拘束力は完全ではありません。こうした場合，以下のように，購入者は，契約の効力を否定すること（代金支払の拒否，支払済代金の返還請求等）ができます。

(1) **詐欺または強迫によって契約した場合**　　販売員の説明にだまされて契約した，あるいは，脅されて恐くなって契約してしまった場合に，買主は後でその契約を取り消すことができ，取り消せば契約は無効となります（民法 96 条）。

(2) **不実告知等による誤認，困惑に基づき契約が結ばれた場合や過量販売にあたる場合**　　上に述べた民法上の詐欺とまではいえなくても，特定商取引法は，同法の定める通信販売を除く 5 類型について，販売業者等の不実告知・故意による事実不告知によって購入者が誤認して契約を結んだ場合につき，取消権を認めています。さらに，消費者契約法では，消費者と事業者間の契約であれば（労働契約は除かれます），取引の類型を問わず，こうした不実告知・故意による事実不告知のほか，断定的判断の提供（「必ず儲かる」）により，誤認を抱かせ，それにより契約が締結された場合，ならびに，事業者による不退去または監禁により消費者を困惑させ，それにより契約が結ばれた場合に，取消権を認めています。また同法の 2018 年

改正では，社会生活上の不安を不当にあおる告知（就活中の学生の不安に乗じ，「このままでは一生成功しない，このセミナーが必要」と勧誘），恋愛感情等に乗じた人間関係の濫用（デート商法）など，取消しが認められる不当な勧誘行為が追加されました。民法上の詐欺・強迫に該当しない場合でも，誤認や困惑にあたることも少なくありません。特定商取引法および消費者契約法上の取消権には，行使期間の定めがあり，追認しうる時から1年（2016年の法改正により6カ月から延長），ただし契約の時から5年の間に行使しなければなりません。

　さらに日常生活上，通常必要とされる分量を大きく超える同種商品の販売（過量販売）の場合，訪問販売および電話勧誘販売によるときは，1年間は契約の解除が認められ（それぞれ特定商取引法2008年改正，2016年改正），また，消費者契約（消費者対事業者）によるときは，販売方法を問わず，過量販売を理由とする取消権が認められました（2016年消費者契約法改正。行使期間は前述と同様です）。

　(3)　契約の主要な部分に勘違い（錯誤）があった場合　　契約は錯誤による取消しが認められ，取り消せば無効となりますが，その勘違いが消費者側の重過失（重大なミス）による場合は取消しが認められません（民法95条）。もっとも，事業者と消費者との電子取引（ネット上の定型フォームの入力画面に消費者が必要データを入力して行う取引）の場合，誤入力や誤操作により真意と異なる申込み・承諾をしてしまったときは，例外的に重過失を問題とせず取消しを主張できます（電子消費者契約特例法）。ただ，事業者が画面上を通じて，こうした消費者のミスを防止する確認措置をとっていたとき等は，

原則に戻り重過失があれば取消しを主張できません。錯誤については，当然に無効でなく，購入者側で取り消すことができるものとする民法や上記特例法の改正が 2017 年に実現しました。2020 年 4 月の施行後の取引から改正ルールが適用されます。

(4) **未成年者の取引で親の同意がない場合**　　未成年者側は契約を取り消すことができ，取り消せば契約は無効となります（民法 5 条 2 項）。

(5) **契約内容が社会的妥当性を欠いている，あるいは，消費者に一方的に不利益な場合**　　契約内容が反社会的な契約は無効です（民法 90 条）。ネズミ講がその例です。ネズミ講は，商品の販売を連鎖的に行うマルチ商法の原型ともいえるものですが，商品の販売をせず単に金銭の配当のみを目的とするものです（単純化すると，10 万円払って入会し何人かの新会員を紹介すると 10 万円をはるかに上回る手数料が得られるといって，金を取って入会させる）。会員がネズミ算的に増えることからネズミ講と呼ばれますが，実際には会員数には限りがあり，破綻するのは当然で反社会的な取引といえます。1978 年に法律でネズミ講自体が禁止されました。

また，消費者契約法は，事業者の契約上の責任を全部免除する条項（たとえば「事業者側に契約違反があっても一切責任を負いません」）など無効とされる条項を個別にリストアップするとともに（2018 年改正は，事業者にその責任の有無や限度を決定する権限を付与する条項〔たとえば「当社が過失があると認めた場合に限り，当社は損害賠償責任を負います。」を無効としました），そうした個別リストに該当しなくても，消費者の利益をそこない信義則に反する条項は無効であると定めて

います。近年，大学入学に関連して話題となった学納金返還請求訴訟（入学手続後に入学を辞退した学生が払い込んだ学納金の返還を求めた裁判）では，「いったん納入された学納金は一切返還しません」との特約（入試要項等の記載）の効力が，この消費者契約法上，問題となりました。最高裁は，入学金については辞退の時期にかかわらず返還不要だが，入学前の3月31日までに辞退がなされた場合には，入学金以外の授業料等を返還しない特約は無効とし，返還義務を認めました（2006・11・27判決）。

(6) **契約自体が成立していない場合**　当然，契約の効力は生じません。たとえば，アンケートに応じて署名したら，それが実は契約書だといわれたような場合，そもそも消費者側には契約するという意思がないのですから，契約は成立していません。

(7) **契約どおりの履行がない場合**　購入者は販売業者に対し代金の支払を拒否できますし，催促しても届かない場合には契約を解除できます。クレジットを利用してクレジット会社から請求があった場合にも，商品，役務等について，商品の不着やサービスの不提供を理由に支払停止ができます。

クレジット契約を利用して購入した場合のクレジット契約の取消・解除

商品を購入した消費者が，代金支払のためにクレジットを利用している場合は，消費者は，売主との間の売買契約の買主であることに加え，それとは別にクレジット会社と契約関係に立つことになります。クレジット会社との取引としては，主に，クレジットカードを利用するやり方（包括クレジット，包括信用購入あっせん）と同

カードを利用しないで商品購入のつど契約書を作成するやり方（個別クレジット，いわゆるショッピング・クレジット，個別信用購入あっせん，後述90〜91頁参照）とがあります。そして悪質商法の被害が後者に集中していることから，2008年の割賦販売法改正により，販売契約につきクーリングオフが認められる場合（訪問販売など5類型，**表4-2**参照），個別クレジット契約についてもクーリングオフが認められました（訪問販売の場合8日間）。また，販売業者が，個別クレジット契約を利用して前掲の訪問販売など5類型の契約をした場合において，販売契約または個別クレジット契約の重要事項につきうそを言ったり真実を隠したり（不実告知・事実不告知）し，それを購入者が誤認して契約したときは，購入者は，販売契約および個別クレジット契約を取り消すことができるものとしました（追認することができる時から1年，契約の時から5年以内）。さらに，通常考えられない多量・過量の同種商品の訪問販売の場合（2016年改正により電話勧誘販売の場合も），販売契約とともに個別クレジット契約も解除できます（契約の時から1年以内）。こうした取消や解除の結果，買主は支払停止だけでなく，すでに支払った金の返還を個別クレジット業者に請求することができます。

◇ 3カ月前からエステティックサロンに毎週通っていますが，まるで効果が見られず，かえって逆効果みたい。料金は1年分前払いしてあるので，「もう止めたいので，未消化の9カ月分のお金を返して」と申し入れたところ，「返金はいっさいしない。契約書に書いてある」といわれました。こんなひどい話，ありますか。

増え続ける継続的サービ
ス提供をめぐるトラブル

近年，こうしたエステや外国語会話教室な
どのような，半年やら1年という長期にわ
たる期間を対象にしたサービス提供取引を
めぐる消費者トラブルが増えています。「肌がきれいになる」「英会
話が上手になる」という目的達成のためにはある程度の期間継続し
てサービスが提供される必要があります。そのため，業者側はその
長期にわたるサービス提供の料金（一般にかなり高額となるでしょう）
を前払の形でとることが多くなります。他方で，消費者側は，期間
中に転居や病気などで続けられなくなったり，あるいは，期待した
効果が得られないから途中で止めたいと思っても，業者側が中途解
約や返金に応じないケースが少なくありませんでした。

　そこで，1999年の法改正以降，このタイプの契約について，前
に述べたクーリングオフのほかに中途解約が認められることになり
ました。

中途解約ができお金
も返してもらえる

エステティックサロン，外国語会話教室，
学習塾，家庭教師派遣，パソコン・ワープ
ロ教室および結婚相手紹介サービス（**特定
継続的役務提供**といい，特定商取引法2016年改正により政令で美容医療が
追加指定され7業種になりました）に関して，期間内での中途解約が
認められています。かりに契約書の中に消費者側の解約を制限する
規定があっても，それは無効とされます。ただ，中途解約した場合，
消費者側は，すでに提供を受けたサービスの料金に相当する金額に
加えて，中途解約により業者側に「通常生ずる損害」（政令によって

上限が決められています）を賠償する必要があります。

　たとえば，エステティックサロン（期間1カ月を超えて5万円を超えるものであることが必要です）についていえば，設例のケースでも中途解約が可能であり，利用者は，当初に支払った額から，すでに提供を受けた3カ月分の料金，および「通常生ずる損害」（2万円または契約残額の10％相当額のいずれか低い額）の合計額を差し引いた金額の返金を求める権利があるということです。また，エステを受けるに際して，健康食品や化粧品の購入が要求されることが少なくないですが，その場合には，これら政令で指定する「関連商品」の販売契約についても中途解約，代金の精算が認められます。

　外国語会話教室の場合（期間2カ月を超えて5万円を超えるものであることが必要）も，基本的にはエステと同様の扱いですが，前記の「通常生ずる損害」は5万円または契約残額の20％相当額のいずれか低い額とされ，書籍（教材を含む），テープ・CDなどが「関連商品」として中途解約が認められます。

　2004年の法改正により，マルチ商法で商品を購入したものの売れずに在庫を抱えてしまった個人に対し，中途解約（組織からの退会）と一定条件（入会後1年以内，引渡後90日以内，商品を再販売していない等）のもとでの在庫商品の返品・返金が可能となりました。

2 カードは便利，でも少しだけキケン！

◇「クレジットカードを利用すれば，お金がなくてもなんでも買える！」って本当？　クレジットのしくみを教えて。

クレジットのし
くみを知ろう

みなさんは財布やバッグの中にいろいろなカードを持っているでしょう。JR や地下鉄などのプリペイドカード，銀行のキャッシュカード，そしてクレジットカード。現金を持ち歩く必要がなくサイン 1 つでなんでも買えてしまう（?）**クレジットカード**のしくみを説明しましょう（なお，クレジットカードにはいくつかの種類がありますが，もっとも一般的なタイプを中心にお話しします）。

　図4-2（次頁）を見て下さい。まず，①クレジットカードを手に入れる（会員になる）ためには，クレジット会社に申込みをし，会社は申込者の収入などを審査し，一定の基準を満たす場合にカードを発行します。②会員は，カードの利用ができる，つまり，クレジット会社との間で加盟店契約を結んでいる加盟店にそれを提示し，売上票にサインしたり，サインなしで暗証番号を入力して商品やサービスを購入します。③クレジット会社は利用代金を加盟店に支払います。④クレジット会社は会員に対して利用代金を請求します。この場合に，会員は前月利用分を一括して返済しなければならないカードとあらかじめ決めた方法（6 回払などの分割方式，リボルビング

図4-2　クレジットカードのしくみ　図4-3　立替払契約のしくみ

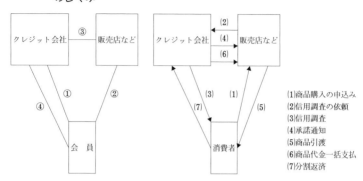

（1）商品購入の申込み
（2）信用調査の依頼
（3）信用調査
（4）承諾通知
（5）商品引渡
（6）商品代金一括支払
（7）分割返済

方式〔毎月定額方式と定率方式がある〕など）で返済できるカードとがあり，その違いに応じて会員は利用代金をクレジット会社に支払わなければなりません。

　一括払の場合は，要するに支払を約1ヵ月後に延ばすことができる点がメリットですし，そうでないカードの場合には，高額商品などを購入しても，少しずつ返していくことができるというメリットがあります（ただし，手数料が加算されます）。さらに最近のカードの多くにはキャッシング・サービスがついていますが，これはカード提示により銀行などから一定限度のお金を借りられるということです。しかしどちらのカードにしても，クレジット会社が代金を立替払するだけで，カード保有者にはクレジット会社に対する借金が残ることを忘れてはいけません。自分の返済能力を考えないで使いすぎると，借金が雪ダルマ式に増えて返済不能となり，訴訟を提起されたり，差押え，破産ということも覚悟しなければなりません（*Column④*）。

　なお，カードを発行することなく，販売店からある個別の商品を

購入するごとに，販売店を通じて加盟店契約関係に立つ信販会社に申し込んで立替払をしてもらい分割等で返済する契約を結ぶやり方（**ショッピング・クレジット，立替払契約，クレジット契約，個別クレジット，あるいは個別信用購入あっせん**といい，信販会社は同様に購入予定者の信用調査を行いパスすれば代金の立替払をします。図4-3参照）も利用されますが，カード利用の場合と同じく使いすぎには注意が必要です。

*Column*④ 自己破産——借金は帳消しになる？

ローンやクレジットで多額の借金をして返済不能となった消費者が自ら裁判所に破産の申立てをすることを自己破産といいます。破産法にもとづき裁判所が破産手続開始決定をすると，破産者の全財産を金に換え，債権額に応じ返済する手続に入ります。消費者破産では消費者に資産はないのがほとんどでしょう。しかし，破産手続開始決定があっただけでは，残った債務は帳消しにはなりません。債務について責任を免れるためには，破産手続とは別に破産者が**免責許可の申立て**をし，裁判所から免責の許可を得る必要があります（ただし，個人の債務者が自己破産の申立てをした場合，原則として同時に免責許可の申立てをしたものとみなされます）。「借金の踏倒し」を認める免責の制度は，誠実な破産者に対する特典であり破産者の社会復帰をめざすものと解されています。

なお，破産手続開始決定がなされると弁護士になれないなどの一定の制限が生じますが，選挙権がなくなったり戸籍や住民票に記載されはしません。免責を受ければその制限もなくなります。しかし，金融機関，クレジット業者らで構成している個人信用情報機関に破産歴が登録され（ブラック情報），この情報は免責の後も数年間抹消されませんので，その期間はローンやクレジットの利用はできません。

免責許可の申立てに対して，破産者に法の定める非難すべき行為
（浪費やギャンブルなど免責不許可事由）があるときは，免責は許可
されません。不許可とされた例として，成人後間もない美容師が独身
寮住まいでやっと自活できる収入なのに，クレジットで和服，指輪な
どを購入し約700万円の債務を負い破産した事例があります（ただし，
不許可事由があっても破産の経緯その他一切の事情を考慮して免責が
許されるケースもあります）。決して「借りまくって自己破産で免責
を得よう」などと考えないで下さい！

◇　ひとり暮らしの兄のアパートに泥棒が入り，クレジットカードや
　銀行のキャッシュカードが盗まれました。泥棒がそのカードを使っ
　て買い物をした場合，兄が支払うのですか？　泥棒が，盗んだキャ
　ッシュカードを使い，銀行の現金自動預払機（ATM）からお金を
　引き出した場合は？

　カードといっても，クレジットカードと銀行のキャッシュカード
とで取扱いが違います。まずクレジットカードの盗難，不正使用か
らみていきます。

――――――――――
**クレジットカードの紛
失・盗難，不正使用**
――――――――――

　クレジットカードの利用をめぐる法律関係
については，カード発行会社と会員との間
の契約書にあたる会員規約の定めによりま
す。多くの会員規約では，紛失・盗難によるカードを何者かが使用
した場合でも，会員の負担とされています。しかし，紛失・盗難を
警察に届け，かつ，カード会社に対して所定の紛失・盗難届を提出

した場合，カード会社が受理した日を基準に一定の期間内の利用分については支払が免除されていますから，カードの紛失・盗難に気づいたときはすぐに警察に届けるとともに，カード会社に所定の紛失・盗難届を出して下さい。

　このような適切な対応をすれば，責任を回避することが可能です。それらの場合でも，通常，①紛失・盗難が会員の故意または重大な過失による場合，②会員の家族などにより使用された場合，③他人に譲渡したり貸与または質入れされたカードによる場合，などには，会員は責任を免れないものとされています。とくに③のようなケースでは，たまたま現金の持合せがない友人に頼まれてたとえば2万円以内の利用に限定してカードを貸したのに，数十万円の買い物をされてしまったような場合には全額の責任を問われるわけですから，他人へのクレジットカードの貸与は厳禁です。

　あらましは以上のようなことですが，不正利用の際の事情によっては，会員が責任を負わないケースもありえますので，弁護士など専門家に相談してみて下さい。

偽造・盗取されたキャッシュカードによる ATM からの不正な払い出し　ゴルフ場などのロッカーからキャッシュカードが盗まれたり，スキミング（磁気記録情報を別の装置で読み取りコピーして偽造カードを作成，カード自体は元に戻されるため本人は気付かないことも多い）され，暗証番号が生年月日や電話番号から推知されて，本人の知らない間に ATM から不正に預貯金が引き出されるという被害がしきりに報告されています。また，キャッシュカードや預貯金通帳が盗

まれ，一緒に置いてあった免許証などから，暗証番号が推測されてしまい，ATMから預貯金が払い出されてしまう場合もあります。

便利なキャッシュカードとはいうものの，このような偽造・盗難の場合，どのように扱われるのでしょうか。

実はこの点の民法上のルールはやや複雑なのですが，2006年2月から，預金者保護法（正式の名称は，「偽造カード等及び盗難カード等を用いて行われる不正な機械式預貯金払戻し等からの預貯金者の保護等に関する法律」）が施行され，預貯金者の保護が図られていますので，その法律の概略のみを説明します。

まず同法の保護の対象とされるのは，銀行等の金融機関と預貯金の契約をしている個人です。

偽造されたカード等（通帳を含みます）によりATMから払い出された場合，預貯金者に重過失（暗証番号をカード上に書き記していた場合など）がない限り，払戻しは無効とされ，結果的に被害額全額の補償を受けられます。

一方，盗難カード等によるATMからの払出しの場合，預貯金者に故意または重過失があるときや親族，同居人による払戻しのときなどは補償はゼロ，軽過失（たとえば，暗証番号を簡単に第三者が判断できるような形でメモなどに書き記し，かつ，カードとともに携行・保管していた）のときは75％の補償，それら以外のときは全額補償が受けられます。金融機関への届出から原則30日前までの引出し額が補償の対象です。ただ，盗難後，金融機関への通知・説明および警察への届出等がなされることが前提です。

いずれにしても，ATMを用いた引出し・借入れに限られ，店頭

窓口での通帳・印鑑による不正引出しや，インターネットバンキングの利用は同法の対象外です。ただし，銀行業界は，2008年に，盗難通帳やインターネットバンキングによる不正払戻しについて，銀行無過失の場合でも個人預金者に過失がないときは，原則補償する旨の申し合わせをしています。

　補償の有無も大切ですが，被害予防の観点から，カード類の保管や暗証番号の管理には，十分な注意を払うことが重要です。

3 快適な「賃貸」をさがせ

◇ 来年から1人住まいをはじめたいのですが，賃貸マンションに住んでいる友人に聞いたら，入居の際に，敷金とか礼金とか，家賃以外にもたくさんのお金がいるみたい。アパートやマンションなどの賃貸住宅を借りるというのは，どういうしくみになっているの？

こんなにかかる，
入居のためのお金

家主に家賃を払ってマンションなどを借りる契約を（建物）賃貸借契約といい，普通は不動産業者を通じて契約をします。さて，情報誌や業者のホームページ上の物件リストの中から，駅から徒歩圏，コンビニへも近い，家賃も予算の範囲というステキな物件が見つかったとしましょう。ところが，契約条件としてたとえば「敷金2カ月分，礼金2カ月分。要保証人」などと書いてあったり，「期間2年の定期借家」というものもあり，さらに「成約の場合，わが社の手数料として1カ月分相当額をもらいます。よろしいですね」

と業者が念を押してくるはずです。さあ，これらはいったいどういう意味なのでしょうか（定期借家の意味については100〜101頁を参照して下さい）。

　不動産業者への手数料は，現地案内してもらったり，今後も世話になりそうだからしかたがないけれど，「敷金って何？」「礼金ってだれに何のお礼？」という疑問がわいてきませんか？　何よりも，これらを全部合計すると，たとえば，家賃7万円のマンションに入居するためには，その5倍の35万円を用意しなければならないという事態になります（家賃，敷金，礼金の額には法的な制限はありません）。疑問や怒り（?）がわいてきたところで，法的な話に入りましょう。

　(1)　**敷金**　　まず，**敷金**（地域によっては保証金ともいいます）は，契約終了時に借主の契約違反（家賃の未払や部屋の壁などにキズをつけた場合）による損害賠償の支払を確保するために，貸主側が一定金額を預かるというものです。ですから，家賃の不払もなく部屋もきれいに使った場合には，預けた敷金は，契約終了（借主が退去する）の時に全額返してもらえるのです（ただし，現実には後述の原状回復の費用ともからんで家主がなかなか返さずトラブルがよく生じます）。

　保証人・保証会社は，借主が支払わなければならない家賃や損害金を払えない，あるいは，姿をくらましたような場合に，借主に代わって家賃などを払う義務を負うことを家主に約束する者で，家主側にすれば，借主の家賃等の不払に備えるものです。

　(2)　**礼金**　　これに対して，**礼金**は，家主のポケットに入り，退去時にも返還されず，家主の丸もうけの金です。しかし，借り手は，

借り手を探していた物件を借りただけですから，本来貸し手にお礼をする必要はありません。礼金は，戦後長い間続いてきた貸し手市場・家主優位の環境の中で形成された不合理な慣行なのです。近年は賃貸物件の供給過剰から入居者優位の状態が生じ，「礼金なし」という取引例も増えています。また敷金もなしの，いわゆるゼロゼロ物件もみうけられます。

(3) **手数料**　なお，不動産業者の仲介手数料については，宅地建物取引業法上の制限があり，居住用の場合，原則は家賃の1月分（上限）を貸主借主が半分ずつ負担し，例外的に，一方が全額支払をとくに承諾した場合に限り，その者から1月分（上限）を取ることが許されるのです。業者が借主に対して1カ月分相当額の手数料支払について念を押すのは，この承諾を得るためです。

◇　賃貸マンションに入居して3カ月。自分のセンスやイメージで家具などを統一しました。でも，もとからの壁紙の趣味がイマイチ！自分で新しいものに張り替えてもいいのかな？　それと，実家で生まれた子猫のもらい手が見つからず，私のマンションで飼うことにしたいのですが，ダメですか？

借家人のマンション・ライフ——何ができて，何がダメ？

借主の賃貸借契約上の義務には，家賃を払うことのほかに，借りた物を契約の内容および借りた物の性質に従って使用すべき義務，退去までは一定の注意を払って保管すべき義務（たとえば，火災などを出さないように），退去・明渡しの際には借りたときの状態に戻して返すという義務（原状回復義務）があります。

個別の契約の中で具体的にどのような取決めになっているかは，契約書を見て下さい。最近利用される契約書には，「禁止又は制限される行為」などとして，しばしば多くの事項が掲げられています。たとえば，住居として借りたのに店舗とするなど使用目的を変更してはならない，家主に無断で又貸ししたり第三者を住まわせてはならない，家主に無断で部屋の増改築・改造・模様替えをしてはならない，犬・猫などの動物を飼育してはならない，銃砲刀剣・爆発物・発火物を製造・保管してはならない，大音響でのテレビ・カラオケ演奏などをしてはならない……（最後の2つは，借家人に限らず当然慎むべきことがらでしょうが）。

　契約書に書いてあれば無条件でなんでもそれに従わなければならないということではありませんが，両当事者の合意があり，かつ，他人の財産である賃貸マンションの利用にある程度の制約が伴うのはやむをえません。

　したがって，上の例のような契約においては，模様替え（壁紙の張替えは模様替えにあたります）にせよ，ペットの飼育にせよ，家主の承諾が必要で，無断で行えば，契約違反になります。ただし，無断の模様替え程度の違反であれば，かりに契約書の中に「契約違反の事実があれば家主はただちに契約を解除し，明渡しを請求できる」という規定があっても，契約の解除が認められない可能性が高いでしょう。しかし，模様替えについては退去の際には元の状態に戻す義務があります（借主はその費用の負担を要します）。

契約期間中に，シャワーや部屋の冷暖房装置などが壊れたような場合に，必要な修理はだれがするのか，どちらの費用でするのか，というと，民法上は修繕義務は家主にあるとされています。家主は，借家人に対して，契約どおりの水準の使用をさせる義務を負っているからです。

ただし，借家人の不注意から修繕が必要となった場合は，家主は修繕義務を負いません。このただし書は，民法改正により明文化されました。また，改正では，必要な修繕を行わない家主に代わり，借家人が修繕したうえで家主に費用を請求できる借家人の修繕権が認められました（①借家人が家主に修繕が必要であることを通知し，または，家主がそのことを知ったのに，相当期間内に修繕をしないとき，②急迫の事情があるとき，の2つのケース）。

もっとも，家主の修繕義務の範囲や借家人による修繕に関して，契約により上記と異なる特約をすることは可能であり，その場合は特約が優先しますので，契約書の内容次第となります。たとえば，いわゆる小修繕——電球・蛍光管の交換，障子の張り替え，水道用パッキンの交換など——について家主の負担を免除する特約は，従来広く見られますし，借家人による修繕権についても，小修繕に限り認める特約もありえます。

◇ 2年の約束で借りたマンションの契約期間が満了しました。気に入っているので，住み続けたいのですが，家主は知人の息子を入れるから出てほしいといっています。約束だから，出るしかないのかなぁ？　そういえば「定期借家」とかいう新しいタイプがあるよう

なことを新聞で読んだけど……。

「契約期間満了，出ていけ」といわれたら？

借地や借家（マンションも）関係については，**借地借家法**という法律があり，借りる側の利益をかなり手厚く保護しています。借家に関していえば，契約の期間が満了した場合に，住み続けたい（契約の更新を望む）借主の意向に反して家主が更新を断り明渡しを求めるには，後で述べる定期借家の場合を除いて，正当事由が必要です（借家の期間を定めなかった場合には，家主はいつでも解約申入れができますが，この解約申入れについても正当事由が必要です）。

そして，個別のケースにおいて，正当事由が備わっているかどうかでトラブルとなったとき，最終的には裁判所が判断します。家主側の必要性と借主側の必要性を比較して前者のほうがはるかに大きい場合にのみ正当事由があるとされ，一般に，家主側の主張が通ることはほとんどありません。

ですから，借主であるあなたは，家主と合意による更新ができない場合でも，（期間の点を除いて）従来と同じ条件で住み続けることができるのです（**法定更新**）。当初の契約書の中に「契約の更新はできない」というような規定が入っていても，借地借家法で更新に関して借主に不利な特約は無効とされており，更新が認められます。

定期借家——
新タイプの登場

ところで，1999年12月の借地借家法の改正により，上に述べた借家（普通借家という）とは別に「**定期借家**」が導入されまし

た（2000年3月1日施行）。今日，借家には2つのタイプがあることになります。定期借家の特色（普通借家との最大の違い）は，定期借家では，約束の期間が満了すれば借家契約は終了し，普通借家のような更新の保障が認められないことです。ですから，引き続き住みたい借家人は家主と交渉して再契約をするほかなく，他方で家主は拒否することも自由で（拒絶につき正当事由は不要），交渉がまとまらなければ借家人は立ち退くことになります。

　もっとも，法改正の結果，当事者は普通借家か定期借家を選択することが法的に可能となったというだけで，たとえば，みなさんの家族が2000年3月の法施行前の1998年4月から期間3年の約束で入居していた場合のように，2000年3月より前に結ばれた既存の普通借家契約の効力は2000年3月以降も従来と変更はありません（1998年4月に期間3年の約束で結ばれた普通借家契約の期間が満了となる2001年4月の更新〔それ以降の更新も〕について，普通借家として扱われます）。上記の既存の普通借家を両当事者の合意で解約し新たに定期借家に切り替えることも，居住用借家では当分の間（その後もこれを改める手だてはとられていないため現在でも）認められません（借家人が定期借家の内容を理解しないまま，切替えに応じてしまう心配があるため）。

> **定期借家契約
> の締結と終了**

定期借家が物件供給元の家主側により有利なものであることから，少なくとも都市部の業務用物件ではかなりの利用が進んでおり，借家人の利害にも直接関係しますから，簡単に説明します。

定期借家契約では，更新の保障がないことを借家人に周知徹底させるため，契約書面を作成することのほか，家主側に2つの義務がとくに課されています。①契約を結ぶ前に，借家人に対しこの契約は定期借家であり更新がないことにつき，書面を交付して説明する義務があります（これを怠ると，定期借家ではなく普通借家となります）。②もう1つは，定期借家契約をした後に期間満了による契約終了を主張して明渡しを求めるためには，期間満了の1年前から6カ月前までの間に借家人にその旨を通知する義務があります。借家人に契約終了を予告し再契約交渉や引越し先を探す期間を確保するためです（家主がこの通知を忘れると，後に通知をした時点から6カ月間は借家人に契約終了を主張できないといわれています）。

期間満了と
普通借家の更新

普通借家でも定期借家でも不動産経営にあたる家主としては，期間満了後も引き続いてその借家人に貸したいケースも多いでしょう（誰に貸すかは1つのリスクです）。ただ，その場合，定期借家では，期間満了により契約は終了するので，当事者は改めて契約をすることにより，契約条件は家賃等を含め新規契約と同様両者で決めることになり，合意が成立しないときは借りることはできません。

これに対して，普通借家の場合は更新の問題となります。ところで，従来首都圏などでは更新に際して更新料（たとえば1カ月分の家賃相当額程度）が授受されることが多く，反面で，更新料の支払をしない借家人に対し，家主が更新料の支払を求めるトラブル（場合により更新を否定して明渡しを求める）が少なくありません。こうした

家主の主張は認められるのでしょうか。まず更新料の支払に関する約束がない場合には，支払う義務はなく，家主の主張は認められません（家主が「この地域では払うのがあたりまえ」と言っても，合意がなくても支払義務があるとの慣行の存在までは，裁判所は認めていないからです）。

　他方，契約書に明確に具体的に更新料の支払が記載され，合意されている場合はどうでしょうか。従来，更新料の支払合意については，賃料の補充ないし前払，賃貸借契約を継続するための対価等として経済的合理性が指摘される一方，そのような合意が法知識のない借主との情報量や交渉力の格差に乗じた不当なもので，民法等の適用に比し消費者の権利を制限または義務を加重し，信義則に反して消費者の利益を一方的に害するとして，消費者契約法10条により無効とする意見もあり，裁判例も分かれていました。近時，最高裁は，更新料支払が契約書に明確に具体的に記載され合意されている場合は，上述の更新料の複合的な性質からその合理性を認めた上，当事者間に情報の質，量や交渉力について格差があるとはいえず，更新料の額が賃料額や更新される期間等に照らし高額すぎるなどの特段の事情のない限り，同条に該当せず有効であると判断しました（最高裁2011・7・15判決は，更新料の額が賃料の2カ月分，更新期間1年間の事案）。

　更新の際に家賃の改定要求が出され，それについて話がつかない場合も，法定更新は認められます。本来，家賃改定は期間や更新とは関係なく，従来の家賃額が税金の負担，近隣の家賃相場などからみて相当でなくなった場合には，期間の途中でも当事者はその改定

を請求することができます（**家賃増減請求権**といいます。もっとも期間2年程度の契約の場合に，家主が途中で家賃の改定を求めてくることはまず少ないでしょうし，前に述べた定期借家の場合で家賃改定について具体的な取り決めをしたときはこの権利そのものが認められません）。

◇ 新築のマンションに2年間入居し，今回よそに引っ越しました。きれいに住んだから敷金が戻ってくるはずと思っていたら，返金どころか不動産業者から請求書！　文句をいったら，「契約書に『退去時には借主は原状に回復して返還する』と書いてある。畳や壁紙の交換費用をもつのはあたりまえ」と反論されました。どこにも焦げ跡やキズはないのに，新品に交換する必要なんかないわ。絶対，納得できない！

敷金は返ってこない？

　最近きわめて多いのが，こうした退去時の敷金の精算をめぐるトラブルです。不動産業者のいうように，借主は退去時に元の状態に戻す義務を負っています。しかし，借主の不注意で汚したり壊したり焦げ跡などをつけた場合に，それらを借主側の負担で直したり交換する義務はあっても，年数の経過や通常の使用による畳や壁紙の日焼け・色あせなど（自然損耗といいます）については，借主の原状回復義務の範囲に含まれません。というのは，賃貸借という契約では，家主は，2年とか3年という期間にわたって建物を使用させる義務を負っているわけですから，その期間の経過自体による自然損耗は当然家賃の中に入っていると考えられるからです（民法の改正により，こうした趣旨が明文化されました）。したがって，設問の場合，実際に借主による

傷や汚損がなければ，家主は，敷金の全額を返還する義務を負います。

　こうしたトラブルを避けるために，自然の損耗については借主は原状回復義務を負わないことを認識した上で，室内の各設備の状況（キズや汚れがあるかどうか，各種器具が正常に機能するかどうかなど）を入居時に家主または不動産業者との間でいちいち点検チェック（たとえば写真をとる）しておく必要があります。そうしないと，中古物件の場合，入居前からの傷についても原状回復の費用を請求されかねません。

　また最近では，本来は賃借人の負担ではない前述の自然損耗，通常損耗の補修費用についても賃借人の負担とする趣旨の敷引特約——たとえば，契約終了時には，賃借人が支払った敷金の内から一定額（敷引金）を差し引いた残額のみを返還するとの合意をいう——がかなり普及し，半面でこの特約の有効性が裁判等で問題視されています（賃料に加えて，賃借人に通常損耗等の補修費用を負担させるこの特約は，賃借人に二重の負担を負わせる不合理な特約であり消費者契約法により無効ではないか）。下級審の裁判例では無効とするものが多数でしたが，近年，最高裁は，同種特約により通常損耗の補修費用を賃借人に負担させる余地を認め，居住用建物の賃貸借の敷引特約は，当該建物に生ずる通常損耗等の補修費用として通常想定される額，賃料の額，礼金等他の一時金の授受の有無およびその額等に照らし，敷引金の額が高額に過ぎると評価されるものである場合には，特段の事情のない限り，信義則に反して消費者である賃借人の利益を一方的に害するもので消費者契約法10条により無効である

が，敷引金額が高額に過ぎるものでなければ有効としました（最高裁2011・3・24判決は，経過年数に応じて敷引額が賃料の2倍弱から3.5倍強の事案，その後の最高裁2011・7・12では経過年数に関係なく賃料の約3.5倍の事案につき，敷引特約を有効としました）。

4 事故にめげるな──責任のとりかた，とらせかた

> ◇ 事故により損害を受けた場合，事故の原因をつくった人や加害者から，必ず損害賠償してもらえますか？　交通事故，欠陥商品の被害など，事故のタイプによって何か違いがあるのでしょうか？

損害賠償の基本ルール

不幸にして事故の被害者（あるいは加害者）となってしまった場合に，法的にはどのような賠償問題が発生するかを考えてみましょう。損害賠償の基本的なルールは，他人に損害を与えた者は，事故発生について故意または過失がある場合に限り，その損害を弁償する義務がある，というものです。これを**不法行為責任**（民法709条）といいますが，以下の点に注意して下さい。

(1)　**故意**とは「わざと」ということですが，ケースとしては少ないでしょう。これに対して，**過失**とは「不注意で」ということで，その状況の下で一般的に要求される注意義務を怠ったことをいいます。たとえば，実際のケースで示せば，住宅街の裏通りを車で進行中に，前方の路上で子どもが遊んでいるのに気づいたとしましょう。

この場合，一般に運転者としては，子どもが遊びに夢中で自動車に気づかないことも考えられるから，警笛をならすなどして車の接近を知らせ，子どもが退避したことを確認してから徐行して通りすぎるなどの安全確認の措置をとるべき注意義務があるとされます。にもかかわらず，その運転者が警笛もならさず，徐行もせず，子どもの退避も確認せずに漫然と車を走行させ，子どもと接触したならば，そうした注意義務を怠った過失があるということになります。

故意も過失もなければ，現に被害や損害が生じていても賠償義務はありません。賠償しなければならないのは加害者に落ち度があるからで，「被害者がかわいそう」だからではありません。

なお，幼児や小学生自身がいわば加害者であるような場合（たとえば，狭い路地でサッカーをしていて隣家の窓ガラスを割った場合）は，これらの者に自分の行為の結果としての責任を判断する能力（**責任能力**といい，だいたい小学校卒業程度の能力が必要とされます）がないため，本人自身は不法行為責任を負わず，その者を監督すべき立場の者（たとえば，親）が責任を負います。

(2)　賠償責任を追及するためには，加害者に過失があること，および，その過失が原因となって事故，損害が発生したこと（因果関係）が必要であり，また，この過失や因果関係の存在について争いがあれば，被害者が証明しなければなりません。

(3)　損害というのは，財産などに対する損害（物損），生命・身体に対する損害（人損）の双方を含みます。一般に，損害の費目に応じて積算をし，その全体が損害となります。たとえば，乱暴運転のトラックに接触され，被害者の乗っていた自転車は大破し，被害

者は2カ月入院したとしましょう。この場合，治療費，入院費用，物損（大破した自転車など物の損害）など，事故のために出費を余儀なくされた損害（**積極損害**），休業損害や**逸失利益**（114～115頁参照）のような事故にあわなかったとすれば得ていたであろう利益を喪失した損害（**消極損害**），さらに，事故により受けた傷や後遺症に伴う精神的な苦痛という損害（その賠償を**慰謝料**といいます）の3つの合計が損害となります（後述の過失相殺がない限り，この金額が賠償の対象となります）。

> 積極損害（治療費，入院費，物損，葬儀費用，弁護士費用）
> 消極損害（休業損害，逸失利益）
> ＋ 精神的損害（慰謝料）
> ―――――――――――――――――――――――――――――
> 損害全体

(4) このように不法行為を理由に損害の賠償を求めるためには，加害者側の過失や因果関係が認められることが必要ですが，さらに，これらの点について当事者間で争いがある（たとえば，事故発生は被害者の信号無視によるものだとか，車体のこのキズは前からあったもので事故とは無関係だとか）場合には，被害者の側で証明をしなければなりません。したがって，人身事故の場合はもちろん，物損事故の場合でも警察官に報告し，事故の状況や損害の状況など正確に把握し，後から確認できるようにしておく必要があります。

◇ ドライブの途中，わき見運転で他の車と接触事故。その車を運転
してたオジサンは，「あんたの全面的な不注意だから，損害の賠償
として破損したドア1枚の交換代15万円を払え」と強硬です。でも，相手の車もスピード出してたし，ドアの破損といっても，ちょっとこすっただけだから，その部分の補修ですむはずなのに!?

| どこまでの損害 | 民法のルールでは，賠償を求めることがで |

どこまでの損害
を賠償するの？

民法のルールでは，賠償を求めることができる損害は，事故との間に因果関係があることが必要です。ですから，事故にあって入院中，前からの持病も治療した場合，病気の治療費は，事故とは無関係ですから賠償の対象となりません。また事故をきっかけとして生じたすべての不利益が賠償の対象となるのではありません（事故で骨折し入院中に病院火災で死亡した場合，加害者にその死亡についてまでの損害を負担させるのは不合理でしょう）。賠償の対象と認められるのは，原則として事故から通常生ずべき損害（そのような事故であれば，一般に通常生じるものと考えられる範囲の損害）です。この例の場合，ドアの一部分をこすった程度のキズであれば，ドア1枚全部を新品に交換する必要は通常ないと思われます。

　事故発生や損害の拡大につき被害者にも責められるべき状況がある場合（被害者にも制限速度超過などの交通法規違反があった場合，必要な治療をせず放置したのでけがが悪化した場合など）には，その程度に応じて賠償額が減らされます（**過失相殺**）。

◇ 自動車事故によるけがや死亡については，強制保険などの特別の
しくみがあるそうですが，どのようなものでしょう？

――――――――――
自動車による人身
事故の特別ルール
――――――――――

運転免許をとるため自動車学校へ行った人
は，その講義の中で「自賠法（じばいほう）」という言葉
を聞いた覚えはありませんか。正式には，
自動車損害賠償保障法といいます。この法律は，交通事故の被害者
救済の強化のために，いくつかの特別のルールを定めています。

(1) **厳格な責任**　　自賠法では，①自動車の運行から他人の生命，
身体を害したときは，その損害につき，②運行供用者が，無過失責
任に近い賠償責任を負う，とされます。

運行供用者というのは，その自動車の運行から利益を得，かつ，
運行を支配する者ですが，簡単にいえば，みなさんが自分の車でド
ライブ中の事故であればみなさん自身，家族の車を運転中であれば
保有者である家族と運転していた者，会社の車で仕事中であれば会
社ということです。

さて，この①②と一般の不法行為のルールとの違いは，責任を負
うのが運行供用者であって加害者とは限らない点，物損には適用さ
れない点，被害者は加害者の過失を証明する必要がない点です。と
くに証明の点は，加害者側が無過失を証明できない限り，賠償責任
が認められるので（現実の裁判ではこの無過失の証明はなかなか認めら
れません），被害者にとり損害賠償責任の追及が容易になります。

(2) **強制保険**　　賠償責任が認められても，加害者にお金がなけ
ればどうしようもありません。そこで，自賠法では，③加害者側の

図 4-4　自動車損害賠償保障法のしくみ

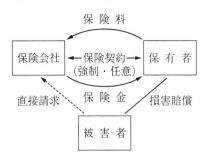

賠償能力の確保のために，自動車保有者に，保険会社と責任保険契約（自分が加害者として損害賠償金を支払う立場になった場合に備える保険）を締結することを法律で強制しました。実際に事故が起きて保有者たる運行供用者が自賠法上の賠償責任を負う場合，その者の賠償資力が不十分でも，被害者は保険契約上の保険金額（現在，死亡につき 3000 万円，常時介護を要する後遺障害につき 4000 万円）の限度までは確実に支払を受けることができます（保険会社に直接請求する方法も認められています）。他方，保有者が不明など（ひき逃げや無保険車など）の場合は，保険は利用できませんが政府の保障事業から損害のてん補が受けられます。なお賠償額が上記額で足りない場合は保有者の負担であるため，それに備えて別に保険に入る人も多く，これが**任意保険**と呼ばれるものです。

◇ 先日買ったばかりのマウンテンバイクで山道を走っていたら，突然ハンドルが折れて大けがをしました。PL 法で救われますか？

PL 法って何？　　1995 年 7 月から施行された**製造物責任法**のことを，しばしば PL（Product Liability）

法と略称します。たとえば，電気器具になんらかの欠陥があり発火して住宅が火事になってしまったり，加工食品に異物が混入していて，食べた人が食中毒にかかったような場合に，その欠陥から生じた損害に対するメーカー（製造者）の賠償責任を，従来から製造物責任と呼んできました。PL法ができるまでは，メーカーの責任について特別のルールがなかったため，前述の不法行為の一般ルールに従い，被害者は，メーカーに過失があること，過失と損害との間に因果関係があることを証明しなければなりませんでした。

　ところが，素人である消費者は製品の原材料や製造工程などの知識はまったくなく，また，そもそもメーカーは消費者に対して安全な製品を供給する社会的責務をもつことなどから，メーカーにもっと厳しい責任を課すべきであるという声がずいぶん以前からありました。1980年代半ば以降，世界の多くの国々で製造物責任に関する法制度の整備が進んだのに対し，日本では産業界などの反対が強くなかなか実現しませんでしたが，ようやく，一応の特別ルールが制定されました。以下にその骨子を示しましょう。

　(1)　対象は，製造または加工された動産です。未加工の農水産物や不動産には適用されません。

　(2)　消費者は，製品に**欠陥**があることと，その欠陥から損害（人損には限りません）が生じたことを証明すれば足り，メーカー側の過失を証明する必要はありません。欠陥があるか否かは，その種の製品として通常備えるべき安全性をもたなければ欠陥ありと判定されることになります。欠陥には，製造上の欠陥（設計自体は問題ないが，製造工程の中で生じた不良品），設計上の欠陥（設計自体に問題がある場

合），指示警告上の欠陥（製品自体に問題はないが，説明書などの指示や警告が不適切であるため事故が起きた場合）のような区別が考えられますが，メーカーの責任が生じる点では同じです。

(3)　責任を負うのは，メーカー，輸入業者，いわゆるプライベートブランド商品のように他の業者につくらせた商品を自分が製造者であると表示して売った者などですが，流通業者，販売業者は含みません。

(4)　欠陥の存在と損害との因果関係が証明された場合でも，メーカーは，製品を流通においた時点での科学技術水準では欠陥の存在を発見できなかったことを証明すれば，責任を免れます（これは「開発危険の抗弁」と呼ばれるもので，PL法制定過程の中で，この免責を認めるべきかどうかが激しく争われました。免責を否定すれば，被害者の救済は手厚くなりますが，商品開発をする企業にしてみれば，無過失責任を問われ，PL訴訟で負けることをおそれて商品開発自体に消極的となり活力が削がれるからです。結局，免責の余地を認める形で立法化されました）。

従業員による事故と会社の責任

これまで不法行為の原則と，特別法としての自賠法，PL法の説明をしてきましたが，このほかにも，知っておいたほうがよいルールがいくつかあります。

まず，運送会社のトラックにぶつけられたような場合，その運転者に対して不法行為責任を問うことができますが，その事故がその会社の業務に関連して生じたものである場合には，被害者は，会社に対しても損害賠償責任を追及することができます（どちらを訴え

てもかまいませんが，損害額の 2 倍賠償されるわけではありません）。この会社，雇い主の責任を**使用者責任**（民法 715 条）といい，公務員が職務を行うにつき他人に損害を与えた場合，その雇い主としての国や地方自治体についてもほぼ同じ扱いです（国家賠償法 1 条）。

　直接の加害者である従業員・公務員に賠償の資力がないことはありえますが，ふつうは雇い主である会社や国・地方自治体は従業員ら個人よりも資力がありますから，被害者としては賠償のとりはぐれは少なくなります。ただし従業員による事故であっても，休日にマイカーでドライブ中であった場合などには，もちろん会社は責任を負いません。

建物や道路に欠
陥があったとき

建物やブロック塀等（土地の工作物）の倒壊などにより被害を受けた場合，被害者は，それらに欠陥があり，その欠陥から被害が生じたことを証明して土地の工作物の所有者・占有者（たとえば借家人）に損害賠償を請求することができます（民法 717 条）。同じことは，役所の庁舎などの欠陥や道路の陥没，堤防の決壊により被害を受けた場合に，その建物や道路や河川の管理者である国・地方自治体の責任を追及する場合にもあてはまります（国家賠償法 2 条）。

　以上アトランダムにみてきましたが，不幸にして事故に巻き込まれてしまった場合でも，とんだ災難と簡単にあきらめてはいけません。事故につき責任を負うべき者を探し出し，その法的な責任追及ができる場合も多いのですから……。

　死亡の場合の損害賠償額の中でもっとも金額の大きいのは，**逸失利益**（その事故で死ななかったならば一生の間に稼いで残したであろう金額）です。逸失利益は，年収×就労可能年数−生活費−中間利息，という計算式で求められます（生活費は被害者本人の分のみ。中間利息を差し引くのは，たとえば，今後20年間働けるとして計算した結果出てくる数字は，20年先に受け取るものですから，それを現時点で先取りするといくらになるかを計算します）。

　一見もっともらしい計算式なのですが，かなり問題もあります。たとえば，同じ事故で死亡しても，被害者の年収や就労可能年数が違えば，賠償額が異なりますから，①所得の高い人の命は低い人よりも高額だという「命の値段」の格差が生じ，平等という視点からは割り切れない感じがします（年収800万円の会社員と4000万円の開業医の場合を想定して下さい）。また，子どもや学生など職についていない者が被害者の場合は，将来職についたと仮定して計算し，賃金に関しては賃金センサスと呼ばれる賃金統計を利用して，（男女別の）平均賃金を基準とします。ところが，この数字は統計上のものなので現存する男女間の賃金格差を反映しており，たとえば，10歳の男児と女児が同じ事故で死亡した場合，計算の結果としての逸失利益の額は，男児が女児よりかなり大きい数字となります。本来あってはならない男女間の賃金格差を反映した平均賃金統計を賠償額算定に用いること自体，大きな問題だといえましょう。

　②東京地方裁判所と大阪地方裁判所とでは，従来，平均賃金のとらえかた（東京は全年齢の平均給与額であるのに対し，大阪は初任給の平均給与額）や中間利息の考えかたが異なり，被害者が学生や幼児の場合，男女を問わず，東京地方裁判所のほうが賠償額ははるかに高額となるなどの格差が生じることになり，地域により「命の値段」に違

いがでるのはおかしいとの批判がありました。しかし，その後，東京，大阪および名古屋の各地方裁判所間で，東京地方裁判所の方式で統一することが合意されました（朝日新聞 1999・11・16 朝刊）。

<hr>

One more step

日本弁護士連合会編『消費者法講義〔第5版〕』日本評論社，2018

村千鶴子『Q＆A詐欺・悪徳商法相談対応ハンドブック』ぎょうせい，2017

安達敏男・吉川樹士『消費者法実務ハンドブック』日本加除出版，2017

齋藤雅弘・池本誠司・石戸谷豊『特定商取引法ハンドブック〔第6版〕』日本評論社，2019

※消費者契約法の2018年改正については，消費者庁のウェブサイトに要点とQ＆Aがある。

東京弁護士会消費者問題特別委員会編『ネット取引被害の消費者相談〔第2版〕』商事法務，2016

高見澤昭治・齋藤雅弘・野間啓編著『預金者保護法ハンドブック』日本評論社，2006

水本浩・澤野順彦・内田勝一編『借家の法律相談〔第3版補訂版〕』有斐閣，2002

吉田修平『民法改正と不動産取引』金融財政事情研究会，2017

大嶋秀樹・羽成守・松居英二『新版 交通事故の法律相談』学陽書房，2016

恋愛のルール

かつて，恋愛は結婚の前哨戦という時代もありました。しかし，これからは，結婚にこだわらずに自立した人どうしが自由に恋愛を追求し，人生を楽しんでもいいのではないでしょうか。もっとも，恋愛の自由にはそれなりのルールと責任が伴います。この **Stage** では，デート・レイプ，交際中のプレゼント，結婚の約束，不倫などの恋愛から結婚までの男女の関係を説明していきます。

1 親しき仲にも"レイプ"あり

◇ 久しぶりに高校時代の同窓会があって，終電がなくなるまで飲んでしまいました。私の家に近い男友だちが「タクシーで送って行ってあげるから」というので，気軽に乗せてもらったところ，「ちょっと見せたいものがあるのでつきあって」といわれ，彼の自宅前で降りました。ところが，彼の部屋に入るなり，ベッドに押し倒され，レイプされてしまいました。友だちに相談したら，「顔見知りの人にレイプされたら，犯罪にならないらしい」といわれてしまって……。本当でしょうか。

レイプ神話のうそ

(1) 女性のレイプ被害をめぐって，たちの悪い偏見や思い込みのようなものが根強くあるようです。とくに，気をつけなければならないのは**レイプ神話**（rape myths）と呼ばれるものでしょう。それは，「レイプは，女性が真剣に抵抗すればできない」「性暴力は，女性自身が暗黙のうちに望んでいる」「レイプするのは見知らぬ男である」「レイプは被害者の側にも落ち度がある」などという世間一般の思い込みです。

その結果，被害者である女性が，警察や検察官に，過去の男性との性的関係の有無，犯人との関係，顔見知りであれば，交際の程度や内容，事件にあったときの様子，抵抗の程度など根ほり葉ほり取調べを受けて，二次被害にさらされることも少なくありません。

(2) 暴力や脅迫を受けた女性が，生命に危険を感じたり，恐怖心

のあまり，悲鳴も抵抗もできないままレイプされたということをだれが非難できるのでしょうか。不意に性暴力を受けて，とっさの間に冷静な判断を期待できるでしょうか。レイプにあうのは，抵抗しなかったからだとか，被害者の側にも落ち度があるなどという見方は，女性が男性を挑発したとか，女性は心の底ではレイプを望んでいるなどという誤った固定観念によるものです。

このようなレイプ神話こそ，お互いを1人の独立した人格と認めず，支配の対象物として蔑視している証拠といえましょう。

性的自己決定権とレイプ

(1) **性的自己決定権**　人が人間らしく生きるために必要な自由や権利を人格権といいますが，自らの身体・生命や家族の形成などに関して自分1人で判断し決めていく権利を**自己決定権**と呼んでいます。この自己決定権というのは，憲法13条に含まれ，個人が個人として尊重され，1人ひとりが幸せに生きるために不可欠の権利だと考えられています。

性に関する自己決定権は，個人が私生活において，だれとどのようにつきあい，性的関係をもつかを自分で自由に決められるということです。ですから，一人前になった人たちが，自由な意思で恋愛し，合意のうえで性的関係をもつことに，法は何の口出しもしません。性的自己決定権は，個人の人格的自由の1つの柱でもあり，他人に迷惑をかけないかぎり，最大限尊重されなければなりません。

(2) **性的自己決定権の侵害**　暴力や強制により個人の性的自由や性的自己決定権を侵害することは許されません。刑法は，暴力や脅しを用いて，13歳以上の者（強制わいせつの場合も含む）に対して，

いやらしい行為をしたり，性的関係を無理強いすることを重く処罰しています（刑法176条・177条など）。とくに，**強制性交等罪**は，5年以上の有期懲役で処罰され，13歳未満の者に対しては同意があっても強制性交等罪が成立します。

　また，この場合民法上は，被害者の**性的自己決定権**を違法に侵害した不法行為として，相手方に治療費や慰謝料などの損害賠償を請求することもできるでしょう（民法709条・710条）。このようにレイプは，性的自己決定権を侵害し，人間としての尊厳を踏みにじる不法行為であって重大な犯罪です。

> デート・レイプ
> に気をつけよう

(1)　レイプ神話では「見知らぬ人にいきなりレイプされる」「女性のほうにもスキがあった」といわれています。しかし，内閣府の実態調査によると，実は，被害者のうち，加害者と全く面識がなかったのは男女とも11.6％しかなく，被害者が女性の場合，「配偶者・元配偶者」が約26％，「交際相手・元交際相手」が約25％，仕事や学校などの上司・指導者・仲間が約20％，親を含む親族も約7％と，約8割が知り合いでした。このような友人知人によるレイプを**デート・レイプ**といいます。アメリカのレイプについての調査でも，レイプ事件の大半は衝動的なものでなく，計画的であり，知合いの間で生じ，屋内で，しかも被害者や加害者の家で起こるという結果が出ていて，レイプ神話を覆しています。交際中，または元彼，元彼女から殴る，蹴る，脅される，性的行為を強要されるなどの暴力を受けることをデートDVといい，デート・レイプもこの

カテゴリーに入ります。愛と暴力との違いを見抜く必要があります。

（2）　あなたの場合も，同窓会の帰りに男友だちにレイプされたわけで，あなた自身の意思に反して暴行を受けたのですから，レイプの被害者です。

なお，「強制性交等罪」は，女性だけでなく男性の被害者も対象としていて，被害者の告訴がなくても起訴できます。また，監護者による性犯罪も処罰されます（刑法179条）。

レイプされてけがをしたときは，強制性交等致傷罪となります（刑法181条2項）。レイプされたら，病院で診断書をもらい，破れた衣服やストッキングなど証拠になるものをもって，早く警察に行くことをおすすめします。

◇　友だちと一緒の旅行中に，親切そうに「ドライブしよう」と声をかけてきた男性が私たち2人を脅してレイプしました。警察に被害届を出したので，間もなくその男は捕まったのですが，その男の弁護士から示談にしてほしいと頼んできました。弁護士は，私たちにも落ち度があったといわんばかりの口ぶりです。そういう場合，慰謝料も減額されるのでしょうか。私たちはくやしくてたまりません。

レイプされた場合，損害賠償はとれるの？

（1）　女性がレイプを誘発するなんて！

ローマを旅行中の女子大生6人が外国人に集団でレイプされたという事件が，新聞，テレビ，週刊誌をにぎわせたことがありました。この事件に対して，被害者が6人もそろって加害者の部屋になぜノコノコついていったのかとか，女性の側にも海外で油断があったのではという被害女性

に厳しい論調が目立ちました。

　しかし，若い女性が派手な服装をしているとか，安易に男性についていったからといって，性的行為をしたり性関係をもつことに同意したことになるのでしょうか。女性は男性に対して，つねにレイプされないよう注意しなければならないとか，男性は女性を見るとレイプする衝動に駆り立てられるのがあたりまえだとか，被害者の油断がレイプを誘発したのではないかと堂々と主張する人もいます。このような見方は，あまりにもナンセンスです。

　(2)　**性暴力の正当化は許されない**　　「被害者のほうでも力の限り抵抗すれば，レイプはできなかったはずだ」「逃げようと思えば，いつでも逃げられたはず」「見知らぬ男についていくこと自体が軽率だ」というような一般論は，計画的に罠をしかけた男性の性暴力を正当化しかねません。

　不法行為の損害賠償額を定めるにあたって，**過失相殺**という制度があります（民法 722 条 2 項）。これは被害者の側にも損害を発生させるについて原因を与えたり，損害が広がることを促進する落ち度（過失）があった場合，損害の公平な分担という観点から賠償額を調整しようとするものです。

　しかし，女性が男性の車に乗せてもらったとか，油断があったということで賠償額を減額するとすれば，女性にはつねにレイプされないよう注意する法的義務が課せられることになり，他方，男性はつねに女性に性衝動を感じている危険な存在だということにならないでしょうか。被害者の自発的同意がない以上，レイプはレイプであり，レイプする故意があった以上，被害者の側の油断を賠償金額

の減額材料として使うべきではないと思います。

(3) **裁判ではどうなっているか**　実際に，男性が女性を送るといってホテルに連れ込みレイプしたケースで，裁判所は，男性側の「女性とは以前から顔見知りで，好意をもたれ，セックスを期待する雰囲気となっていた」との主張を斥け，女性に性行為についての同意があったと認められないとして，慰謝料250万円を認めています（横浜地裁1993・3・23判決）。

レイプによる不法行為の損害賠償としては，勤めを休んだ休業損害，治療費，破れた衣服などの財産的損害，性的自己決定権・人格的利益（貞操）侵害による精神的損害（慰謝料）などの賠償請求が認められます。慰謝料額は，通常50万〜500万円くらいですが，加害行為の違法性，悪質性，被害の重大性，けがの程度・内容などにより増減することになります。会社の男性上司が18歳のアルバイトの女性従業員に職場環境や地位の優越性を利用して行ったレイプ（セクハラ）につき200万円の慰謝料を認めたケースもあります（広島地裁2003・1・16判決）。

Column ⑥　夫婦間のレイプってあり？

夫婦の間で夫が妻の意思に反して無理矢理レイプしても，従来は，法律上の夫婦の場合は夫が妻に性的関係を要求する権利があるので，暴行罪や脅迫罪は成立しても，強姦罪にはならないといわれてきました。

「法律は家庭に入らず」ということわざもあって，夫婦や家族の問題に対して当事者間の話合いやモラルにまかせるべきだという配慮も働いていたようです。しかし，夫婦といえども，お互いの人格を尊重しなければなりませんし，力ずくでの性暴力に屈しなければならない理由はないはずです。

たとえば，夫の乱暴に耐えかねて別居中である妻を待ち伏せして，強引に車に押し込み，友人と2人で代わる代わる妻をレイプした夫と友人にそれぞれ2年10カ月，2年の懲役という実刑判決が言い渡されたケースがあります（広島高裁松江支部1987・6・18判決）。夫側の弁護人は，夫婦には性的関係を求める権利義務があるから強姦罪にならないと反論しましたが，裁判所は，夫婦関係が実質的に破綻している場合はレイプが成立すると説きました。また，ドメスティック・バイオレンス防止法の保護命令に違反して別居中の妻のアパート付近を徘徊し，さらに室内に侵入して性暴力を働いた夫に懲役2年6カ月を科したケースもあります（宇都宮地裁栃木支部2004・4・27判決）。

　欧米諸国の動きをみてもわかるように，夫婦でも人間としての尊厳にかかわる性的自己決定権は尊重されなければならず，妻の意思に反して暴力で性関係を求める権利までは夫にないはずです。性関係は2人の愛情と信頼を確かめ合う大切な手段ではないでしょうか。

2 恋の清算はきれいに

◇　彼が，あまりに熱心にプロポーズしてくるので，つい情にほだされて「はい」といってしまいました。しかし，性格的にしつこく，だんだんいやけがさしてきました。いやがる私を彼は追いかけまわすので，最近は彼の声を聞くだけでもゾッとするほどです。なんとかこのつきあいをやめたいのですが……。

> 恋人どうしの関
> 係だったら……

(1) 恋愛に法は口を出さない　成熟した人どうしが，自由に恋愛をし交際をして，気まずくなって別れたからといって，法は，恋愛関係の継続を強制したり，不法行為にもとづく損害賠償の責任を課したりすることはありません。恋愛関係は，法によって強制されたり，法の力で規制される性質の人間関係ではなく，2人の愛情によってのみ維持されるプライベートな関係といってよいでしょう。

(2) 恋愛は不安定なもの　新しい別の恋人ができたために，一方が他方のもとを去ったり，相手の性格がいやになって別れても，原則として不法行為だとか約束違反による損害賠償の対象とはなりません。恋愛はもともと不安定なもので，つねに解消のリスクを伴っている人間関係といえるからです。もし，その場の雰囲気で感情的になって結婚話にのってしまったとすれば，まだ恋愛関係の延長でしかないように思われます。

> 恋人とフィアンセの違い

(1) 婚約の意味　しかし，2人がまじめで確かな結婚の約束をしているような場合は，いっさいの法的責任を負わないというわけにはいきません。一般に，男女が誠心誠意，まじめに将来の結婚を約束したときには，**婚約**として法的保護の対象になると考えられています。

婚約の場合，普通は，2人で口約束するだけでなく，親きょうだいや友人・知人にフィアンセとして紹介したり，レストランやホテルでの婚約式，指輪の交換，結納（ゆいのう）など社会的にオープンになっていることが多いでしょう。婚約式や結納など，社会的な儀式によって

2　恋の清算はきれいに　　*125*

オープンになっていなくても，男性からのプロポーズに対して，女性の側が将来夫婦となる意思で長期間肉体関係を続けてきた事実から，婚約の成立を認めることもあります（最高裁1963・9・5判決）。もっとも，以前婚約を解消した間柄で，共同生活もなく生計は別々で，時折仕事面での協力や旅行などをともにし，2人の子をもうけたものの，子らの養育も放棄する形でパートナーシップ関係を16年間続けてきたところ，男性が突然関係を解消したケースで，意図的に婚姻を回避し，関係継続への合意もなく，不法行為にも該当しないと慰謝料請求を認めなかったものがあります（最高裁2004・11・18判決）。婚約や内縁にもあたらず，法的保護に値しないとされたものです。

(2) **損害賠償の可能性も**　あなたの場合も，まじめな結婚の約束が成立しているとすると，結婚そのものは強制されませんが，正当な理由なく関係を破棄したことによる損害賠償の責任は免れません（民法415条・709条）。損害賠償の範囲については，128〜129頁で説明します。

◇ お見合いをしたのですが，デートやプレゼント攻勢など強引な彼のリードで，迷っているうちに結納，結婚式の日取り，新婚旅行の場所の決定と，猛スピードで結婚に向かって準備が進んでしまいました。しかし，彼の強引さに結婚生活をしていく自信がなくなってきました。今から，引き返すことは無理でしょうか。

(1) **婚約の法的義務**　婚約をした当事者
は，フィアンセとして誠実に結婚をする法
的義務を負うことになりますが，約束を破
ったからといって結婚自体を強制することはできません。結婚をす
る意思を喪失してしまった者に結婚を強いても，幸せな生活は期待
できないからです。

　しかし，結婚の約束を正当な理由もなく破棄した人は，破談のた
めに相手方が受けた精神的・財産的損害を賠償しなければなりませ
ん。法的には，結婚しようという約束を破った契約違反（民法415
条）または婚約者としての地位の侵害を理由とする不法行為責任が
追及されます（同709条）。

(2) **婚約破棄の正当な理由**　婚約を破棄できる**正当な理由**とは，
将来の結婚生活の維持継続を期待しえないようなもっともな理由と
いう意味です。たとえば，社会常識に反するひどい言動，暴力，虐
待，侮辱，性的不能などが入ると思われますが，相性や年回りが悪
い，身体の線が細いなどの理由だけでは，正当な理由になりません。
もちろん，占いで凶とでたとか，親の反対などの理由で一方的に解
消を求めることもできません。

(3) **婚約の解消**　あなたの場合，彼の押しの一手に押し切られ
た形で，はっきりした結婚の意思を形成できないまま婚約，結納，
式場の予約と事態が進んでしまったようです。結婚の約束をきちん
としていないと主張できないわけではありませんが，それよりも，
正直に，将来の結婚生活を継続できる自信がないことを相手方に伝
えて，まずは話合いで婚約を解消すべきでしょう。

婚約解消の正当な理由は，すでに述べたように，裁判上の離婚が認められる理由よりも広いと考えてよいのですが，あなたの場合も，性格の不一致や結婚意思の不確定さを理由に，今からでも勇気をもって解消の話合いをすべきではありませんか。

| 結婚準備の費用は？ |

(1) 損害賠償の範囲　問題となるのは，結婚のために買った洋服ダンス，電気製品など，俗にいう嫁入り道具でしょう。嫁入り道具は返品しないかぎり損害とはみないという立場（高松高裁 1955・3・31 判決），一律に 7 割を市場価値の下落分とみる立場（徳島地裁 1982・6・21 判決），購入価格と処分価格との差額を損害とみる立場（大阪地裁 1983・3・8 判決）があり，差額を損害とみる立場が強くなっています。このほか，**財産的な損害**としては，仲人さんへの謝礼，新婚旅行や式場のキャンセル代，結婚により職場を退職したことによる逸失利益なども入ります。しかし，最近では，結婚による退職は当然のはなしではなくなってきているために，相手方から頼まれて，退職した場合でなければ，その減収分を損害として請求できないという考え方が強くなっています（東京地裁 2003・7・17 判決）。

(2) 慰謝料　**精神的損害**としての**慰謝料**は，50 万～500 万円くらいですが，具体的事情により増減することになります。2015 年の全国の家庭裁判所での婚姻外男女関係調停事件は 312 件で，2017 年は 250 件と，最近は婚約にかかわる調停事件は減少気味です（『司法統計年報 3 家事編 平成 29 年』。なお 1985 年の婚姻外男女関係調停事件は 1438 件）。結婚前の男女関係のトラブルは，家庭裁判所にさ

えも持ち出さないという傾向がはっきりとうかがえます。

不安なまま結婚するよりも，相手方の損害を弁償して，自信をもって生活できるパートナーを見つけるべきではないでしょうか。

交際中のプレゼント
やデート代は返す？

(1) **口約束は弱い約束**　恋愛中の男女間で，誕生日やクリスマスのプレゼントをあげたりデート代を負担した場合，法律的には贈与としてなされた以上，一方的にこれを取り消して「返してくれ」ということはできません（民法549条・550条但書）。贈与というのは，ただで金品をあげる契約ですが，口約束しただけのときは，本気で契約を実現する意思があるかどうか不明なこともあり，契約としての効力は弱いものと考えられています。

(2) **プレゼントは返さなくてもよい**　現実に約束どおりお金や物を渡したり支出したときには，簡単に白紙に戻されては，相手としてもたまったものではありません。また，あなたが彼と結婚の約束をする仲であったとしても，交際期間中の金品のプレゼントは，愛情から出るもので，後日返してもらいたいという趣旨の贈り物ではないはずです。したがって，一般的には「もらいきり，使いきり」のつもりでの贈与であって，返還の合意がないかぎり，返してもらうことはできません（大阪地裁1968・1・29判決）。

結納は返さなけれ
ばならないの？

(1) **結納とは**　日本では，2人の間で結婚の約束がきちんと成立すると，仲人さんをたてて儀式や金品のやりとりをすること

があります。これを**結納**と呼びますが，婚約した2人や双方の両親を含めた関係者の間のおつきあいを親密なものとし，結婚への約束を強くするために行われます。つまり，結納は，婚約が成立し，将来の結婚生活の成功を祈って当事者間で渡される金品のことをいいます。

(2) **結婚しなかったら結納は返す**　2人の間で婚約が解消され結婚までいかなかったときに，結納を受け取ったほうは，返還しなければならないのでしょうか。結局，結納を返すかどうかは，当事者間の合意または地方の慣習によって決まるといえますが，一般に，結納は，結婚の成立を目的とする一種の贈与と理解されています。したがって，事実上または法律上の結婚が成立した場合には，結納はその目的を達成したので返還を求めることはできませんが，結婚までに至らなかった場合には，返還しなければなりません。

しかし，結納を贈った側に婚約解消の責任がある場合には，原因をつくった者からの結納の返還請求は，**権利濫用**（民法1条3項）や信義にもとる（同条2項）ため許されないでしょう。

Column⑦ **ストーカーに気をつけろ！** ～～～～～～～～～～～
最近，一方的に恋愛感情を抱いて相手方に執拗につきまとったり，無言電話を繰り返したりするストーカー行為が急増しています。このストーカー行為は，それ自体が相手方の生活の安全と平穏を害するばかりでなく，次第にエスカレートしていくことにより，相手方の生命，身体等を害する重大事件にまで発展するケースが少なくありません。しかし，このようなストーカー行為の被害は，初期段階では，既存の刑法等の刑罰法令に違反するものでなかったり，また不安や迷惑を与える程度のつきまといでも，軽犯罪法では制裁がきわめて軽いもので

しかありませんでした。

そこで，2000年5月に，ストーカー行為を処罰するよう必要な規制を加えるとともに，被害者に対する適切な援助を定める「ストーカー規制法」が成立しました。同法は，ストーカー行為を処罰するほか，被害者の申出により，つきまとい等があれば，事前に警察本部長等が「警告」を出し，この警告に従わないときは，都道府県公安委員会が禁止命令等を出せることになりました。つまり，被害者側の意向や希望に沿って，刑罰による強力な措置と，さらなる行為の予防のための行政上の措置の2つの手段がとれるようになっています。つきまとい等には，電話，ファクシミリにくわえ，2013年の法改正でメールが追加され，2016年改正ではSNSなどの「ネットストーカー」も規制できるようになりました。

ちなみに，1999年に警察に寄せられたストーカー行為の相談件数は8021件でしたが，2018年には2万1556件と，毎年増加する傾向にあります。ストーカー規制法の適用状況として，警告は2018年で2451件，禁止命令等1157件，ストーカー行為罪762件，禁止命令等違反108件となっています。

三鷹市の女子高校生ストーカー殺人事件で，元交際相手の男性が別れた腹いせに，交際中に撮影した被害女性の裸の画像などをインターネットに公開していたことで，いわゆる「リベンジポルノ」行為が問題になりました。そこで，2014年11月にリベンジポルノを厳しく処罰するリベンジポルノ防止法が成立しました。

みなさんも，何かあれば最寄の警察に相談するなどし，恋愛関係のもつれや知人によるストーカーにくれぐれも注意しましょう。

3 トラブルの陰に親あり

◇ 結婚の約束をして結納もすませ，結婚準備を進めていたところ，相手方の両親が「家庭のしつけができていない」「うちの家風に合わない」と強硬に反対したため，結局，破談になってしまいました。元婚約者の両親を訴えることができますか。

親の口出しはどこまで許される？

(1) なぜ親が口出しするのか 婚約はあくまでも当事者の約束であって，婚約不当破棄の責任も原則として当事者が負担することになります。しかし，日本では，婚約当事者以外の第三者（両親，その他の近親者など）が縁談に口を出すことがしばしばあります。

もちろん，当事者の将来の結婚生活や幸せを考えて真剣に反対することも少なくなく，このような善意の干渉は社会的にみて相当と認められる範囲内では，かりに破談の一要因となっても法的には許されるかもしれません。

(2) 親子で責任を負うことも しかしながら，たとえ両親が子どもを思う純粋な気持ちからであっても，本人の婚約の不当破棄の決心を誘発し，婚約関係に不当に干渉した場合には，**共同不法行為**の責任を負わなければなりません（民法719条）。たとえば，外国人であるとか，家風に合わないなどといういわれのない差別，料理が下手だとか家庭のしつけができていないなどの小さなことを指摘して，親が婚約の不当破棄を誘発した場合に，親子で共同不法行為の

責任が認められたケースが少なくありません（たとえば，徳島地裁1982・6・21判決）。

　しかし，近年は，親が結婚を望む子の婚約を解消させた動機や方法が，脅迫するとか社会的相当性を著しく超える不当なものでないかぎり不法行為の責任を負わないとされています（東京地裁1993・3・31判決）。

　(3)　**結婚は当人どうしで決めること**　　日本の場合，親や近親者を巻き込んで婚約のトラブルに発展する例が多いのは，結婚がいまだに家と家との結合であるという家制度の亡霊を背負っているからではないでしょうか。一人前の男と女が責任ある判断をして結婚を約束したのに，親や親戚の口出しでこわれてしまうなんて，あまりにも情けないのでは。そんな男性は，あなたのほうから願い下げにしてしまったらどうでしょう。

4　愛情の自由競争——不倫のどこが悪いの？

◇　妻子ある彼とつきあっていたら，突然，奥さんの代理人だという弁護士から，「つきあいはやめろ，慰謝料を支払え」という手紙がきました。私は，何か悪いことをしているのでしょうか。

結婚している人と
つきあうと不倫？

　(1)　**不倫**　　夫婦は同居して互いに協力し扶（たす）け合わなければなりませんし（民法752条），第三者と性的関係をもつと**不貞行為**

4　愛情の自由競争——不倫のどこが悪いの？　　*133*

として離婚原因ともなります（同法770条1項1号）。二重に結婚をできない（同法732条）など，民法が一夫一婦制の建前をとっているということは明らかです。

　それでは，夫婦の一方と肉体関係をもった第三者は，他方配偶者から，夫または妻を奪ったとか，不倫をしたということで不法行為の損害賠償を求められてもしかたないのでしょうか。

　(2)　**不倫のツケ**　　裁判所は，夫婦の一方と関係をもった者は，自分が積極的に誘惑したとか，自然の愛情によったかどうかにかかわらず，他方の「夫または妻としての権利」を違法に侵害したもので，慰謝料の支払義務があるとの立場をとっています（最高裁1979・3・30判決）。また，性的裏切り行為である不貞行為に加担した相手方にも共同の不法行為責任を課さないと，妻の地位は守れないとか，幸せな家庭生活を破壊した者には相応の責任をとらせるべきだという考えかたもあります。

　実際に，裁判所で認められている慰謝料は，数十万〜500万円くらいですが，訴訟は愛情の奪い合いという感情的な対立に終始することが少なくありません。

　(3)　**お金で夫婦の絆は守れない**　　夫婦関係の亀裂や絆が弱いからこそ不倫に走るのであって，守られるべき愛情利益はないのではないか，不倫の相手方に損害賠償をさせても，円満な結婚生活が戻ったり結婚の安定がはかれるわけでもなく，慰謝料の金額も合理的算定基準がないなどとの批判も有力です。欧米諸国では，第三者への慰謝料請求を認めることに否定的で，むしろ弊害のほうが大きいと考えられています。

不法行為の損害賠償を認めても，問題の本質的解決にはならない
ことが多いのではないでしょうか。不法行為責任の予防的機能につ
いても，「慰謝料をとられるから不倫はしない」という効果はほと
んど期待できず，制裁を加えたからといって，失われた夫婦の愛情
や信頼は回復しないように思われます。夫婦の一方は裁判では勝っ
ても，愛情の争奪戦では敗者であり，お金を得ても，他方の心は戻
ってきません。慰謝料をもらうことで，傷ついた心は真にいやされ
るのでしょうか。

　不倫の相手方の不法行為責任を追及することで，泥沼の訴訟に相
手を引きずり込むのではなく，夫婦できちんと問題処理をはかるほ
うが得策でしょう。愛情の自由競争に破れたツケは，不倫相手より，
夫に対して請求すべきではないでしょうか。

　夫婦関係が破綻した後に性的関係をもった第三者は不法行為責任
を負わない（最高裁 1996・3・26 判決）とか，不倫を誘発したり嫌が
らせで慰謝料を請求することは認めない（最高裁 1996・6・18 判決），
離婚は夫婦内部で決めるものであり，不倫が原因で離婚しても，夫
婦の一方は第三者が離婚させる目的で不当な干渉をするなど特段の
事情がないかぎり，慰謝料を請求できない（最高裁 2019・2・19 判
決）などと，最高裁は責任を認める場合を限定しています。

　なお，夫婦の一方と関係をもった相手方への慰謝料請求権は，そ
の不倫な関係を知ったときから消滅時効にかかることになります
（最高裁 1994・1・20 判決）。したがって，相手方との不倫を知って 3
年以上経ってからの請求は認められません。もっとも，不倫な関係
が続いているかぎりは，被害も続くわけですから，容認するような

事情でもないかぎり，慰謝料請求は可能でしょう。

◇ 19歳の私は，妻子ある彼から「妻と別れて結婚する」といわれて
つきあっているうちに，妊娠しました。ところが，彼はだんだん私
を避けるようになり，ついには，まったく会ってもくれなくなった
ので，中絶しました。彼は「結婚していることを知ってつきあった
のだから，自業自得だ」といって，取り合ってくれません。ひど
い！

男にだまされた？

(1) **既婚男性のだましのテクニック**　妻
子ある男性が若い女性に迫るパターンには，
いくつかの類型があります。まず第1がプレゼント・花束攻勢型で，
若い女性の心を高価な物品でくすぐるやり方です。第2がセクシュ
アル・ハラスメント型。これは，会社の上司が部下の女性に対して，
優越的地位を悪用して交際を迫るタイプです。そして，第3が泣き
落とし型で，これは「妻とうまくいっていない。家に帰っても自分
の居場所がない。結婚に失敗した。人生を君とやりなおしたい」と
同情を引くやり方です。これら3つの複合タイプもありますが，第
3のパターンが多くみられますので，ご用心。

(2) **プレゼント攻勢型**　さて，第1のプレゼント・花束攻勢型
では，あなた自身も物に目が眩んだ不注意があって，しかも，あな
たが成人に達して，自分の責任において既婚男性と知りつつ交際し
ていたとしたら，関係が切れても，不法行為の損害賠償請求は認め
られにくいかもしれません。あなたが何にだまされたのかはっきり
しませんから，この場合，詐欺を理由とする不法行為の責任を追及

することもむずかしいでしょう。

(3) **セクシュアル・ハラスメント型**　　上司であるとか，経営者としての優越的地位を濫用して，弱い立場の女性に性的関係を迫るタイプです。貞操や性的自己決定権（人格的利益）を侵害する違法な行為であり，不法行為が成立します。実際のケースでも，美容院の経営者が独身の美容師に金を貸し付け，その地位を利用して性的関係の反復継続を求めたのは，相手が自発的に関係を承諾したのではなく，弱みにつけ込んだ不法行為だと判断されています（名古屋地裁 1992・12・16 判決）。

(4) **泣き落とし型**　　このタイプでは暴力や脅迫などなく，事情を知りつつ同意して関係を結んでいるので，慰謝料請求ができるかどうかは若干問題です。しかし，実際のケースでは，性的関係を結ぶに至ったのが，男性の「妻とは離婚する」という虚言を信じたためで，男性側に違法性が著しく高い事情がある場合には，不法行為にもとづく慰謝料の請求は認められると判断しています（最高裁 1969・9・26 判決）。

だれと恋愛し交際するのも自由ですが，恋愛をするうえで，相手を尊重することはもちろんのこと，自分の判断にしっかり責任をもつことも大切だと思います。

Column⑧ 同性の恋愛 ～～～～～～～～～～～～～～～～～～～～
　　男と男，女と女という同性どうしの恋愛は認められるのでしょうか。欧米諸国では，同性愛はキリスト教の影響もあって長い間タブー視されてきました。法的にも，同性愛は性的逸脱や性的異常であり，自然に反する性犯罪として厳しく処罰されてきました。また，同性愛者

（ゲイ，レズビアン）は，職場や軍隊でもさまざまな差別と迫害を受け，解雇や強制除隊させられたり，住宅の明渡しを求められるなど，異性愛者であれば受けないような不利益やペナルティを課せられてきました。

　しかし，アメリカでは，2013年6月の同性婚を認めない婚姻保護法（DOMA）を違憲と判断した連邦最高裁判決などを経て，2015年6月，アメリカ連邦最高裁は，婚姻を男女の結合と定めるミシガン，ケンタッキー，オハイオ，テネシー州法を違憲とする判決を下して，同性婚の容認を命じました。本判決により，州によって判断が分かれていた同性婚が全米50州で認められることになりました。

　また，2019年5月，アジアの国ではじめて台湾が同性婚を容認する特別法を成立させました。2019年5月現在で，世界では，欧米や中南米を中心に，26カ国が同性婚を法制化しており，登録パートナーシップ制度など婚姻とは別の形で同性カップルの権利を保障する国が27カ国にものぼっています。

　このようななかで，日本でも，2015年には，渋谷区と世田谷区が同性パートナーシップの証明書制度をはじめ，2019年12月までには31の自治体がこの制度を導入し，さらに広がりを見せています。また，42都道府県と海外に住む20代から60代の同性愛者・両性愛者453人が，同性カップルの婚姻を拒否することは憲法14条や同24条に違反するとして，人権救済を申し立てていたところ，日弁連は2019年7月，同性婚を認めないことは重大な人権侵害であるとして，国や政府に対し関連法令の改正を勧告する意見書を公表しました。

　2019年2月には，8都道府県の20〜50代の13組の同性カップルが，東京，大阪，名古屋，札幌の4カ所の地方裁判所で，国が同性婚を認めないことは，法の下の平等を定める憲法14条，婚姻の自由を保障する憲法24条に違反し，国会が民法，戸籍法等を改正しないこと

（立法の不作為）を理由に，各自に100万円の賠償を求める日本初の同性婚裁判を起こしています。2019年9月には，福岡でも同性婚訴訟が起こされました。

　このように，日本でも，同性パートナーシップの登録制度や同性婚を検討すべき時期に来ています。

One more step

角田由紀子『性差別と暴力——続・性の法律学』有斐閣，2001

「夫（恋人）からの暴力」調査研究会『ドメスティック・バイオレンス〔新版〕』有斐閣，2002

遠藤智子『デートDV』KKベストセラーズ，2007

石井朝子編著『よくわかるDV被害者への理解と支援』明石書店，2009

打越さく良『改訂 Q&A DV事件の実務〔第3版〕』日本加除出版，2018

棚村政行『結婚の法律学〔第2版〕』有斐閣，2006

三木妙子ほか『家族・ジェンダーと法』成文堂，2003

杉浦郁子ほか編著『パートナーシップ・生活と制度〔増補改訂版〕』緑風出版，2016

棚村政行・中川重徳編著『同性パートナーシップ制度——世界の動向・日本の自治体における導入の実際と展望』日本加除出版，2016

同性婚人権救済弁護団編『同性婚——だれもが自由に結婚する権利』明石書店，2016

二宮周平編『性のあり方の多様性』日本評論社，2017

結婚の夢と現実

おとなになれば結婚するのがあたりまえのように言う人もいますが，一生結婚しない人も増えています。結婚は1つの選択にすぎません。この **Stage** では，結婚をする場合にはどのような条件を満たさなければならないか，また，結婚するとどのような法的効果が生じるのかを解説します。それをふまえて，結婚するか，結婚とは違ったライフスタイルを選ぶか考えてみて下さい。

1 結婚する人生・結婚しない人生

◇ そこそこの年齢になる前に結婚するのがあたりまえと思っていますが，キャリアのいとこはそんな私を軽蔑します。なんでぇ？

強制される結婚

(1) 結婚へ駆り立てられる人々 「結婚は女の幸せ」「結婚適齢期」といったことばが示すように，若いうちに年上の経済力のある男性と結婚するのが女の幸せだという常識（固定観念）に，長い間女性はしばられてきました。もちろんそんな程度の幸せは，「女房と畳は新しいのがよい」という表現に示されるように，より若い女性にいつ奪われるかわからない不安定なものです。しかし，経済的自立の手段を奪われた女性にとっては，結婚は生存のよりどころでした。女性は結婚に夢をもたせられてきたのです。

「子どもを産んで女は成長する」「子どもを産むのは女性の天職」といった，女は子どもを産むのがあたりまえという常識も，女性を若いうちに結婚へ駆り立ててきました。

他方，男性のほうも「結婚して一人前」として，結婚を強制されてきました。結婚していることは，「自分は，社会の常識，会社の常識に従い，家族の生活のためにまじめに働く安全な人間です」という保証書だったのです。

(2) 役割に満足できない人々の増加 家族のために一所懸命働

く男性と，男性の収入によって生存をはかろうとする女性がつくる性別役割分業家族は，モーレツ社員＝会社人間や，安い賃金で働く主婦パートの供給源となり，会社社会＝日本の経済成長を支えてきました。主婦は育児や老人介護などを一手に引き受け，社会福祉の仕事も肩代わりしてきました。

しかし，お金を稼ぐ役割ばかりで子育てや自分の趣味を楽しめない生活や，子どもを育て高齢者を介護するといった，かりにやりがいのある仕事をしているとしても，経済的に他者に従属している生活は，人々を幸せにしたのでしょうか？

多くの男性が働きすぎて過労死したり，定年後は「産業廃棄物」「ぬれ落葉」と妻にうとんじられる状況です。また，多くの女性が自分の夫のことを「主人」と呼んでいる現実は，単なる慣用表現というよりも，女性の夫に対する精神的な従属性を表しているといえるでしょう。こうした役割を性によって分担させられたら，自分に割り当てられた役割に満足できない人は増えざるをえません。

結婚によってこうした男と女の役割を押しつけられるなら，結婚は必ずしも私たちの人生を豊かにするものとはいえません。あなたのいとこが結婚を軽蔑するのももっともです。

結婚する自由・しない自由

(1) 憲法の規定　結婚というのは，本来どんなものであるべきなのでしょうか？

憲法は，結婚について，「婚姻は，両性の合意のみに基いて成立し，夫婦が同等の権利を有することを基本として，相互の協力により，維持されなければならない」と規定し

（憲法24条1項），結婚をはじめとして家族に関して「法律は，個人の尊厳と両性の本質的平等に立脚して，制定されなければならない」と規定しています（同条2項）。

　まず憲法は，結婚の自由を保障しています。婚姻つまり結婚は，男女2人の自由な結婚の意思決定が合致したときに，それのみで成立します。戦前は，結婚は家どうしの結びつきでしたから，本人の意思とは無関係に決められていました。憲法はそうした本人以外の介入を否定しているのです。

　(2)　**自由に結婚できるための条件**　　戦前の名残（なごり）か，あるいは親から自立できないのか，今でも結婚を自分で決定できなかったり，周りの人も本人の決定に干渉する風潮があるようです。けれども，結婚の決定は，人生において自分でしなければならないもっとも重要な決定の1つです。個人の多様な決定は，多様なライフスタイルを生み出します。決定の結果は尊重されなければなりません。そして，だれと何歳のときに結婚するのか，あるいは一生結婚しないのかという決定は，あなたが経済的に自立していてはじめて本当に自由に行えるものでしょう。

妻と夫の対等な関係　　夫婦はそれぞれ個人として尊重され，その結果，夫婦には平等の権利が保障されなくてはなりません。夫婦を1セットに考えて，どちらか1人に権利を保障するのでは不十分なのです。一方にだけ働く権利を保障し，もう一方にだけ家族の世話をする権利を保障するのでは，夫も妻も個人の尊厳が実現されているとはいえません。夫婦に個人としての同

一の権利が保障される必要があります。それぞれが独立しても生きていける，そういう2人の個人がつくる共同体であればこそ，結婚は個人の人生をより豊かなものにしてくれるのです。そのうえで，カップルごとにどちらか一方が権利を行使しなくても，それは自由です。

Column⑨ ドメスティック・バイオレンス 〜〜〜〜〜〜〜〜〜

　ドメスティック・バイオレンス（DV）というのは，夫（や恋人）の妻（や親密な関係にある女性）に対する暴力（あるいは，その逆の暴力）のことです。ドメスティック・バイオレンスと英語でいわれると，何か新しいもののような気がするかもしれませんが，夫が妻に暴力をふるうというのは，あまりに「あたりまえ」のこととして，最近まで問題にもされてこなかったのです。

　夫の暴力は多様です。殴る，蹴る，髪をひっぱる，物をなげつける，首を絞める，刃物を突きつけるといった，身体的暴力。罵倒したり無視したりといった心理的暴力。レイプ，ポルノを強制的に見させる，性交渉を強制するなどの性的暴力。家庭の外なら当然犯罪になる行為が，家庭の中で起こると警察も知らんぷりでした。

　多くの女性が，暴力を受けていることをだれにも相談できず，医者に行くことさえもためらい，自分が悪いからと思い込み，相談した周りの人々からがまんしろといわれ，経済的な不安から夫の暴力を告発できずに，夫との生活を続けています。内閣府が行った調査（2017年）では，これまでに結婚したことのある女性の13.8％が，暴力の被害経験が「何度もあった」と回答しています。

　2001年，DV防止法が施行され，保護命令制度ができました。警察も積極的に介入してくれるようになり，配偶者暴力相談支援センターのしくみもつくられました。

夫（や恋人）の暴力は，社会の中で，男性が経済的・社会的に力を持っていることの反映です。暴力にさらされた女性のためのシェルター（緊急避難施設）づくりや生活再建支援，加害者の処罰とともに，根本的には男性優位の社会構造そのものを変えていく必要があります。

2 結婚するにはどうするの？

◇ 私と彼は，今19歳6カ月と19歳9カ月。1日も早く結婚したいんだけど，親が絶対ダメっていうんだよね。何とかならないのかな。でも，何といわれようと来月から一緒に住みます。

　一生夫婦でいようという2人の合意ができると，**婚姻届**（結婚届のこと）を出します。法律上の結婚をするには，結婚式や披露宴はまったく必要ありませんが，届出はしなければなりません（民法739条）。結婚の届出には，民法で定められているいくつかの条件を満たしていなければなりません。

| 若すぎる結婚はダメ |

　結婚するには，男性18歳以上，女性16歳以上でなければならないという年齢制限があります（民法731条）。結婚するには精神的・肉体的に幼すぎる男女とその間に生まれてくる子どもの健康と福祉を守るための規定です。

　しかし，なぜ男女で2歳の年齢差があるのでしょう？　男性は

18歳まで結婚できないのだから，これは男性を差別しているので
しょうか？

　男性は女性に比べて一般的に精神的・肉体的成熟が遅いからだと
いう人もいますが，成熟の早さは男女の性差より，個人差のほうが
大きいので，理由にはなりません。むしろこの年齢差は，「女はど
うせ結婚すれば家に入って男に養ってもらうのだから，知識を身に
つけ，社会的な訓練を受ける必要はない」という男女の社会的役割
に関する偏見にもとづいていると考えられます。2018年の民法改
正で，成年年齢を20歳から18歳に引き下げる（**Stage 1**）のに合
わせて年齢制限を男女とも18歳以上にそろえることになりました
（2022年4月1日施行）。

未成年者の結婚には
父母の同意が必要

結婚最低年齢にはなっていても，未成年者
の場合，父母の同意が必要です。父母の一
方が同意しないときは，もう一方の同意だ
けでかまいません（民法737条）。あなた方の場合，それぞれが父母
の同意を得るか，2人とも成人しないと婚姻届は出せません。

　思慮分別の足りない未成年者を保護する制度といわれていますが，
父母が両方ともいない場合は，自分の判断で結婚できることから，
本音は子どもの結婚に意見をさしはさみたい親の保護にあるのでは
ないかという批判もあります。憲法の保障する結婚の自由に違反す
るのではないかという疑いもあります。成年年齢と結婚最低年齢が
ともに18歳になる2022年4月1日から，親の同意制度はなくなり
ます。

二重結婚はダメ　　すでに法律上の結婚をしている人は重ねて結婚することはできません（民法732条）。一夫一妻でなければならないのです。

近親結婚もダメ　　優生学的な配慮あるいは倫理的な配慮から、一定の範囲の近親者との結婚はできません。自分の父母や祖父母、兄弟姉妹、おじおばとは結婚できません（民法734条）。離婚や死別した配偶者の親や子どもと結婚することもできません（同法735条）。元夫の父とは結婚できないのです。しかし、元夫の兄弟とならかまいません。倫理的配慮といわれていますが、根拠がはっきりしない制限です。養子養親関係者間には別の定めがあります（同法734条1項但書・736条）。

◇　めでたく離婚成立。彼も私も新しい相手がもう決まっているの。でも、彼はすぐ再婚できるのに私は100日お預け。これってなんで？

離婚したのに再婚できない？　　男性は離婚したその日に再婚できますが、女性は、前の夫が死亡したり、離婚した日から100日たたないと再婚できません。生まれてくる子どもの父親がわからなくならないための制限といわれています。離婚の日から300日以内に生まれた子どもは前の夫の子どもと推定され、再婚の日から200日後に生まれた子どもは後の夫の子どもと推定されます（民法772条）。したがって、2つの結婚の

間に一定の期間をおかないと2人の父親が推定されてしまい，子どもの利益に反するというのです。

二重の推定を避けるだけなら100日の再婚禁止期間を設ければ十分ですが，以前は6カ月禁止されていました。最高裁判所が憲法違反だとする判決を出したので（最高裁大法廷2015・12・16判決），2016年6月に民法が改正され，100日に短縮されました（民法733条1項）。また，これまでも，前の結婚中から妊娠していた場合には，出産すれば再婚禁止期間内でも再婚できましたが，前の結婚の解消のときに妊娠していないことを医師が証明する場合も，再婚できることになりました（同条2項）。

もっとも，現在のような推定では，推定される父親と本当の父親がくいちがって子どもの利益に反することも多いし（2007年5月21日から，離婚後に妊娠したという医師の証明があれば，後の夫の子あるいは婚外子として出生届を出せるようになりました），父子関係は科学的に決定できるので，父性の推定規定自体を見直し，再婚禁止期間そのものを廃止すべきだという意見も有力です。

3 どうして女は姓が変わるの？

◇ 私も彼も一人っ子。私は自分の名字が好きです。できることなら結婚しても変えたくありません。でも，彼の反応がこわくて……。

日本では，結婚すると女性が名字（姓）を変えるのがあたりまえ

とされています。まれに男性が名字を変えることもありますが，多くは，男性が妻の親の養子になった場合です。実際，96％の結婚で，女性が姓を変えています。姓が変わることは，女性にとって，結婚できたという「勲章」であり，男性にとっては，自分の親を捨てて妻の家に養子にいってしまったという「汚名」なのです。でも，男女平等の世の中で，どうして姓を変えることの意味が女と男で違うのでしょう？

（1）**姓を変える女性たち**　現在の民法では，結婚した夫婦は，結婚前のどちらかの姓を夫婦共通の姓としなければなりません（同法750条）。2人のうちどちらかが姓を変えないと結婚できないのです。もちろん，どちらが姓を変えてもよいのです。2人で話し合って，どちらが変えるか決めるべきなのです。しかし，男性の姓に女性が当然のこととして合わせている場合がほとんどです。

　女はいつもガマン

（2）**家制度はなくなったのに**　戦前は，女性は結婚によって夫の「家」に入り，夫の「家」の戸籍に登録され，夫の「家」の一員であることの証拠として，夫の「家」の姓を名乗りました。女性には「家」の嫁としての役割が期待され，自分の生きかたを自分で決める自由は認められていませんでした。

　戦後の民法改正で，「家」制度は廃止されましたから，「家」の姓の制度も廃止され，姓は個人の呼称になりました。けれども，夫婦には同じ姓を名乗らせることが法律によって強制されてきました。夫婦を中心とする家族は，新しい社会の基礎と考えられましたから，

同じ姓を名乗らせることで夫婦の一体感を高めさせて家族の安定をはかり，さらに，周囲の人たちにだれが夫婦か簡単にわかるようにしておく必要があると考えられたのです。

　憲法の両性の本質的平等の原則を受けて，民法では夫の姓でも妻の姓でも，どちらを夫婦の姓にしてもよいことになっています。けれども，法律が変わっても人々は「女は嫁にいくもの」という古い考えから抜け出せませんでした。また，「男が主で女は従」「男は結婚してますます社会的責任が重くなるが，女は結婚すれば家に入る」という性別役割分業の考えが強かったので，女性が姓を改めるのが当然とされてきました。

　さらに，自分の姓を夫婦の姓とした人が戸籍筆頭者になるので，「男が一家の主人」という考え方にもとづいて，男は戸籍筆頭者になることに執着してきました。

もうガマンはしない

(1)　姓を変えるとどうなる？　　女性が家の中の役割にしばられずに，結婚後も仕事や社会的な活動を続けるようになると，今だれと結婚しているかによって個人の呼称が変わることは，とても不便になってきました。たとえば，せっかく取引先に覚えてもらった名前を使えないことは，働く女性にとって大きな損失です。実印をつくり替え，銀行口座をはじめさまざまな名義を書き換える必要があります。また，生まれたときからずっと使ってきた姓を使えなくなって，自分がいなくなってしまったような感じのする人もいます。

　女性が親の名字や墓を継ぎたいと思っても，男性のように簡単に

はいきません。姓を変える不便を女性だけが負担することは，夫婦間の対等さをそこなうことにもなります。夫の姓に変わると，自分自身には夫の家の「嫁」になったつもりはまったくなくても，「嫁」扱いされてしまうこともあります。

(2) **氏名権**　　テレビのニュース番組で在日韓国人の氏名を日本語読みによって呼称した行為は不法行為にあたるかが争われた事件で，最高裁判所は，氏名は，社会的にみれば，個人を他人から識別し特定する機能があるが，同時に，その個人からみれば，人が個人として尊重される基礎であり，その個人の人格の象徴であるといっています（NHK 氏名日本語読み訴訟＝最高裁 1988・2・16 判決）。

　氏名の変更を自分の意思に反して強制されない権利（氏名権）は，憲法の保障する基本的人権といえます。姓を変えずに結婚することを認めないのは，氏名権と結婚する権利という 2 つの基本的人権のどちらかを強制的に選ばせることであり，許されません。女性差別撤廃条約も，姓を選択する男女同一の権利を保障しています（同 16 条 1 項(g)）。最高裁判所は，2015 年 12 月 16 日，同姓の強制は憲法違反ではないという判決を出しましたが，3 名の女性判事をはじめ 5 名の裁判官は，憲法違反としました（最高裁大法廷 2015・12・16 判決）。

> ### 民法を変える

(1) **別姓同姓選択制へ**　　1996 年の民法改正要綱は，夫婦が別姓でも同姓でも選択できる制度に民法を改正する提案をしました。

　別姓同姓選択制が実現した場合，同姓夫婦の子どもは今までどお

り，両親の姓を名乗ることになります。別姓夫婦の子どもは，父母が結婚のときにあらかじめ届けておいた父または母の姓を名乗る，すなわち原則として子どもの姓の統一を強制する，という提案です。

しかし，結婚したら必ず子どもをもつもの，と決めつけて，結婚のときに必ず子どもの姓を届けさせるのは問題です。また，親の再婚などによって姓の異なる兄弟姉妹をもっている子どもは現在でもたくさんいるのに，兄弟姉妹の姓が同じでないと子どもの福祉に反すると決めつけるのも，理由がありません。さらに，現在の男女の力関係のもとでは，男性の姓だけが子どもに受け継がれていく結果になりかねません。

(2) 姓を選択するのはカップルの自由　別姓同姓選択制が実現した場合，別姓を選ぶか同姓を選ぶかは，まったくそのカップルの自由です。今問われているのは，別姓を望む人たちにも法律で同姓を強制することが許されるのか，という問題にすぎません。

もっとも，あなたのように女性が姓を変えたくないと望んでいるときに，その気持ちを無視して，自分の姓に変えることを望むような男性とは，結婚そのものを考え直す女性が増えるでしょう。

Column⑩　国際結婚 〰〰〰〰〰〰〰〰〰〰〰〰〰〰〰〰〰〰〰〰〰

国際化が進むにつれて，日本人と外国人の結婚も増えています。日本国籍を持っている人と持っていない人の間の結婚，という意味での国際結婚は，1980年代後半から2000年代にかけて急激に増加し，2006年には結婚全体の6.1％に達しましたが，その後は一転して減少し，現在は，年間約2万2000件，日本の結婚全体の約3.7％を占めています（2018年）。

日本人の国際結婚というと，かつては，夫が外国人で妻が日本人の
ケースが圧倒的に多数でした。しかし，1975 年に逆転し，現在は夫
が日本人で妻が外国人という夫婦が，逆のケースの 2.2 倍あります。
最近の国際結婚数の増減は，主として日本人夫と外国人妻の結婚数の
増減によるものです。外国人配偶者の国籍も，外国人が妻である場合
は，中国，フィリピン，韓国・朝鮮，タイが多く，外国人が夫である
場合は，韓国・朝鮮，アメリカ，中国，ブラジルが多くなっています。
　このように，国際結婚をめぐる状況は男女でかなり異なっています。
なかには，アジア諸国との経済格差を利用した人身売買的な結婚あっ
せん業者もいます。そのお客は日本人男性です。国際結婚しても基本
的にお互いの国籍はそのままですから，日本国籍のない外国人配偶者
は，離婚によって日本に滞在する資格を失うことをおそれて，離婚で
きない場合もあります。
　事実婚の場合，日本人男性の子どもが，胎児認知されないと，日本
で生まれながら日本国籍を取得できないという問題がありましたが，
2008 年の最高裁の違憲判決を受けて国籍法が改正され，生後認知で
も日本国籍を取得できることになりました。
　法律婚の場合，父母どちらかが日本人であれば，子どもは生まれた
ときに日本国籍を持ちます。しかし，出生により外国の国籍も取得し
た子は，外国で生まれた場合，生まれてから 3 ヵ月以内に国籍留保の
届出をしないと，日本国籍を失います。
　2 つの国とのつながりを持つ子どもには，2 つの国籍を認め，少な
くとも成人してから自分で選べるようにすべきではないでしょうか。

4 ときには別居結婚もいいんじゃない？

◇ ダンナさんが転勤するからって姉はさっさと仕事やめて一緒につ
いていったけど，あれだけ仕事がんばってたんだから「単身赴任じ
ゃいや？」って聞いてみればいいのに……。

　法律の定める条件を満たして結婚が成立すると，夫婦の間にはさ
まざまな権利義務が生まれます。婚姻届 1 枚の重さはけっこうあり
ます。

結婚すると何が変わる？

　(1)　**夫婦の同居義務**　　夫の転勤を理由に
仕事をやめた女性の話はよく聞きますが，
妻の転勤を理由に仕事をやめてついていった男性の話はほとんど聞
いたことがありません。妻の転勤はむしろ妻が仕事をやめる理由に
なってしまうのです。なぜでしょう？

　戦前は，住居は夫が決め，妻には夫と同居する義務がありました。
しかし現在では，両性は平等です。2 人の協議によって同居の場所
は決定されます。**同居義務**（民法 752 条）はお互いが負っているもの
です。2 人が仕事や勉強を続けるために，夫婦が協議して別居する
ことは，夫婦としての同居義務に違反するものではありません。

　むしろ，「妻は夫に当然ついてくるもの」という偏見に立って，
夫婦の事情を配慮せずに男性に転勤を強要する企業に対して，結婚

の本質的要素である夫婦同居の権利を尊重させる必要があります。

(2) **夫婦の協力・扶養義務**　夫婦は，お互いに協力し扶助する義務を負います（民法752条）。**協力義務**をどう果たすかは，夫婦によって千差万別です。夫婦の扶助義務とは，**扶養義務**のことで，自分の生活が苦しくても相手方に自分と同一程度の生活を保障する義務（**生活保持義務**）です。未成熟の子どもに対して親が負うのも生活保持義務です。生活保持義務は，その他の親族を，自分の生活に余裕があった場合に援助する**生活扶助義務**より重い義務です。

　配偶者が同居・協力・扶助義務を正当な理由がないのに果たさないときは，「悪意の遺棄」を理由に裁判離婚を求めることができます（民法770条1項2号）。しかし，義務を果たさない配偶者に同居や協力を強制することはできません。法的に強制できるのは金銭的な要求だけになります（**婚姻費用分担請求権**。民法760条）。

　　　　　　　　　　　　　夫婦はお互いに性的純潔を保つ義務を負い
　浮気はダメ　　　　　　　ます。配偶者が**貞操義務**に違反した場合は，
裁判離婚を求めることができます（民法770条1項1号）。戦前の貞操義務は夫婦不平等でした。妻の婚姻外の性的交渉は「家」の血統を乱す重大事でしたが，夫の場合は「家」の血統を繁栄させるための当然のことがらだったのです。戦後，法的には夫婦の貞操義務は平等になりました。しかし，**性のダブルスタンダード**（性的なことがらに関する男女別基準の道徳規範）は根強く残っています。また，夫に経済的に依存している妻が夫に対して実際に責任追及できるかは別問題です（さらに，*Stage 5* *4*参照）。

結婚すればおとな扱い

未成年者が結婚したときは，これによって成年に達したものとみなされます（民法753条）。これを**成年擬制**といいます（2022年4月1日から成年年齢と結婚最低年齢がすべて18歳となり，この制度は廃止されます）。

未成年者はふつう親権者の保護を受けています（**Stage 1 1**参照）。しかし，結婚した場合は，結婚生活の独立性が保障されなければなりませんから（憲法24条），成年者として扱われます。取引をするなどの財産行為を独立してすることができますし，親権に服さなくてもよくなります。自分の子どもに対して親権を行えます。ただし，このような成年擬制は民法上のことだけで，選挙権などは得られません。

夫婦の財産は
どうなるの？

結婚後の財産上の権利義務について，結婚前に**夫婦財産契約**を結んであらかじめ定めておくことができます（民法755条）。しかし，あまり使いやすい制度ではないので，ほとんどの夫婦は財産契約を結びません。そこで，民法の定める財産制が適用されます（法定財産制）。

(1) **夫のものは夫のもの，妻のものは妻のもの**　　民法は，個人主義の原則から，**夫婦別産制**を採用しています。夫婦の一方が結婚前からもっていた財産や，結婚中に自分の名義で得た財産は，その人個人の財産です（民法762条1項）。結婚中に夫が親から相続した財産だけでなく，夫の給料も夫の財産です。「夫の稼ぎの半分は自分のもの」と思っている女性が多いかもしれませんが，そうではあり

ません。財産は，夫婦がそれぞれ働いて獲得し，各自で管理するのです。だから，あなたの稼ぎはあなたのものです。夫が破産したとしても，あなたの財産が脅かされることはないのです。

どちらの財産かはっきりしないものは，夫婦の共有と推定されます（民法762条2項）。共同生活のために買った家具や電気製品などは共有と推定されます。

(2) 内助の功は？　　外で稼ぐ夫と専業主婦という性別役割分業をしている夫婦の場合には，夫が自分1人の名義で財産を得ているとしても，妻の内助の功のおかげということも多いのですが，そうした妻の働きは，離婚の際の財産分与や，夫が死亡した場合の配偶者相続権によって評価されることになります（**Stage 9 3**，**Stage 11 2**参照）。しかし，財産分与をきちんとするのはとてもむずかしいのです。自分の稼ぎは自分の名義にしておくこと，そして何より稼ぎ手としての責任も夫と分担していくことです。

夫婦の共同生活を支える経済的負担は，夫婦の資産，収入その他いっさいの事情を考慮して，2人で分担することになります（民法760条）。夫婦関係が破綻して別居したとしても，離婚するまでは分担しなければなりません。

結婚して増える親戚　結婚によって夫婦の一方と他方の血族の間に姻族関係が生じます。3親等内の**姻族**は，6親等内の**血族**，配偶者とともに**親族**となります（民法725条）。民法は，「同居の親族は，互いに扶け合わなければならない」としています（同法730条）。これは，法律的には無意味な規定で，たんに

倫理的な意味しかないといわれています。そもそも，配偶者の血族（たとえば，親）と同居しなければならない義務はどこにもないのです。しかしこの規定は，「嫁はしゅうと・しゅうとめを大切にしなければならない」という「家」制度の考えかたの名残といえます。また，特別の事情があるときは，3親等内の親族に扶養義務が負わせられるという規定もあります（同法877条2項）。扶養義務の範囲が広いのは，「福祉は家族で」という日本型福祉の考えかたと通じるものです。

5 婚姻届は出しません

◇ 婚姻届は出してないっていう人がいるけど，見た感じ普通の夫婦なんだよね。婚姻届を出さないと何かいいことあるのかな……。

事実婚という選択

婚姻届を出すにはいろいろ条件もありますが，届を出しさえすれば，法律によってしっかり守られているのが結婚というものです。しかし，その裏返しとして，婚姻届を出すことによって，法律の定める結婚という枠，結婚についての世間の常識にもしばられてしまうのです。

今までみてきたように残念ながら現在の日本では，法律上の結婚は，1人ひとりが自立して対等に生きていきたい2人にはそれほどうれしい制度ではありません。そこで最近は，2人で共同生活をしている事実は結婚（法律婚）と変わらないのに，あえて婚姻届は出

さないという**事実婚**を選択する人たちも増えてきました。

　たとえば，夫婦ともに結婚しても姓を変えたくないので事実婚を選ぶ人がいます。事実婚だと夫の家族も妻を「嫁」扱いできないし，会社もいわゆる「結婚退職」を迫ることはできないでしょう。

　婚姻届を出さないのはフマジメで，「他に好きな人ができたらすぐに別れられるように？」とか「浮気をしても責任とらなくていいように？」などと聞く人もいます。しかし，婚姻届を出しているからこそ，妻はもうキープしてあるから安心と不倫している夫と，それを見て見ぬふりをしてがまんしている妻もたくさんいます。

　むしろお互いの愛情と共同生活を続けようという合意のみに支えられている事実婚は，とってもマジメな関係ともいえます。一方が別れたいと思ったときに，2人の共同生活関係を公平に清算したうえで別れるのは，法律婚においてもよくある選択です。

　　　　　　　　　　　　　事実婚を選択する場合，いくつかのデメリ
　子どもはどうなる？　　ットがあります。1つは，子どもの問題で
す。法律婚のカップルから生まれた子ども（婚内子）と比較して，事実婚のカップルから生まれた子ども（婚外子）は，民法上，嫡出でない子（非嫡出子）と呼ばれ，さまざまな差別を受けています。

　婚外子の出生届を父親が出すことはできません。法律上の父子関係の成立は，父の一方的な意思（認知）に委ねられています（民法779条・781条）。父母が共同して親権を行うことはできません（同法819条4項）。2013年まで相続分差別もありました。戸籍の続柄記載の方法にも2004年まで差別がありました（くわしくは，*Stage 7 3*参照）。

もっとも，婚外子差別はあっても子どもが全員婚外子なら兄弟姉妹間では平等です。戸籍の続柄記載は，2004年まで「男」「女」と記載されてきた婚外子のほうが，「長男」「長女」というふうに生まれた順序にしばられる婚内子より平等でした。つまり，婚内子・婚外子を問わず，「戸籍」が差別を生み出しているのです。

配偶者の相続権がない

　法律婚の夫婦は片方が死亡したときにお互いに必ず相続人になりますが（民法890条），事実婚の場合には配偶者相続権はありません。戸籍にもとづく画一的処理が必要だからとされています。あらかじめお互いに遺言を書いておけば，事実婚のパートナーに遺産を残せますが，法律婚に比べて税金が高くなります（くわしくは，**Stage 11 2**参照）。

　税金に関しては，所得税や住民税の配偶者控除，配偶者特別控除，結婚20年の贈与税の配偶者控除など，法律婚のみの保護がいろいろあります。もっともこれらの特典は，夫婦が経済的に自立していれば，法律婚をしていても関係ありません。

どんなライフスタイルを選ぶ？

　こうしたデメリットを除けば，事実婚にも共同生活の実態にそくした法の保護があるのは法律婚と変わりません。社会保障の権利は事実婚の夫婦も同じです。交通事故で配偶者が死亡した場合の損害賠償請求もできます。

　法律婚を選ぶのも1つの選択ですし，事実婚を選ぶのも1つの選択です。もちろん，同性のパートナーとの共同生活を選ぶなら，そ

れも選択です。特定のパートナーとの共同生活はしない，という選択もあります。

Column ⑪　買春する男・支える女

お金を払って女性のセックスのサービスを買っている男性がいます。買春です。

ツアーを組んで貧困や失業に苦しむアジアに買春に行く男性もいます。このタイプは，大っぴらにやりすぎて現地でひんしゅくを買ったので，現在では，日本国内にアジアから女性を連れてくるやりかたが盛んになっています。

外国からだまされて連れてこられた女性を買って，逃げ出さないように監禁しながら，お客相手にセックスをさせ，金もうけしている店も少なくありません。これは強姦であり，人身売買です。

「ウエイトレスの仕事がある」などというブローカーのことばを信じて，売春する気などまったくなしに日本に来る女性がいます。彼女たちは，「お前には400万円の借金がある。借金を返せ」「逃げたら故郷の家族を殺す」と脅されセックスを強制されています。

客となる男性はお店にお金を払っているから，普通の買春と変わらないつもりでも，女性からみれば強姦であって，対価を得て行う売春ではありません。もともと400万円の借金なんかないわけですから，客の払ったお金は女性の借金の返済にあてられるのではなく，店がもうけているだけです。

そんな買春をしている男たちは，日本の社会の普通の人たちです。妻のいる人が圧倒的に多いでしょう。多くの妻たちは，買春男性と知りながら夫とセックスしています。妻は「養ってもらっているから」という意識から買春しないように夫に要求できません。妻の「誇り」は，買春は本気の恋愛ではなく，「いかがわしい商売女」との一時的

遊びだからということで保たれているのです。こうして妻たちが買春する夫を支えています。

〜〜〜〜〜〜〜〜〜〜〜〜〜〜〜〜〜〜〜〜〜〜〜〜〜〜〜〜〜〜〜〜〜

One more step

二宮周平『家族と法』岩波新書，2007

棚村政行・中川重徳編著『同性パートナーシップ制度──世界の動向・日本の自治体における導入の実際と展望』日本加除出版，2016

奥田安弘『家族と国籍──国際化の安定のなかで』明石書店，2017

戒能民江編著『危機をのりこえる女たち──DV法10年，支援の新地平へ』信山社，2013

角田由紀子『性と法律──変わったこと，変えたいこと』岩波新書，2013

子どもを産む・産まない

セックスするのも自由ですが、セックスしないのも自由です。妊娠・出産するのも自由ですが、避妊をして妊娠しないのも自由です。自分で決めなくてはなりません。望まない妊娠をしてしまったときに、産まないことはできるのでしょうか。1人で子どもを産んで育てていくにはどんな問題があるのでしょうか。また、最先端の生殖技術は子どもを産みたくても妊娠できない女性たちにどのような問題をつきつけているのでしょうか。

1 セックスしたい vs. セックスはいや

◇ 彼に「愛し合っているんだからいいだろう？」と迫られてしまいました。彼のことは愛しているけど，今はまだなんとなくいや。でも，こんど断ったら，彼を怒らせちゃいそう。どうしよう。

> **セックスする自由**

あなたのほうから，好きな人とセックスしたいと思うこともあるでしょう。そうしたあなたの気持ちと彼の気持ちが一致してセックスするなら，あなたの決定は尊重されます（**性的自己決定権。*Stage 5* 1** 参照）。

もちろん，彼も自分のことは自分で決められる成熟した人でなければなりません。刑法は，13歳未満の子どもに対してわいせつ行為をしたら，相手の承諾があったとしても強制わいせつ罪になると規定しています（同法176条）。自分のする承諾の意味をまだ理解できない年齢だからです。

ところで，都道府県の定める青少年保護条例で，18歳未満の青少年に対する「淫行」や「みだらな性行為」を処罰しているものがたくさんあります。「もしかすると18歳未満の彼とセックスしたら，犯罪になってしまうの？」と思う人もいるかもしれませんが，心配はありません。

最高裁判所は，こうした条例について，もし，広く青少年に対する性行為一般を処罰するとしたら，そんな条例は許されない，処罰

される「淫行」というのは，「青少年を誘惑し，威迫し，欺罔（あ
ざむくこと）し又は困惑させる等その心身の未成熟に乗じた不当な
手段により行う性交又は性交類似行為」のほか，「青少年を単に自
己の性的欲望を満足させるための対象として扱っているとしか認め
られないような性交又は性交類似行為」をいうと述べています（福
岡県青少年保護育成条例事件＝最高裁大法廷 1985・10・23 判決）。ですか
ら，年下の彼とのセックスが処罰されることはありません。しかし，
こうした条例は，処罰の範囲があいまいで，性的自己決定権を侵害
するおそれが強いので，批判されています。

セックスするかど
うかは私が決める

あなたはセックスしたくないのに，彼が望
んでいるときは困りますね。「オレのこと
を本当は愛してないんじゃないか？」なん
ていわれてしまうかもしれません。彼との仲がこわれてしまうかも，
と不安です。

　でも，あなたの気持ちは彼の気持ちと同じ重みがあるのです。社
会には，性に関することは，男性が決めるもので女性は男性の決定
に従うものだ，という役割分担意識があります。ですから，自分の
意思が通らないと，自分がないがしろにされたような錯覚をしてし
まう男性も多いのです。しかし，2 人のセックスは 2 人で対等に決
定されなくてはなりません。

　セックスによって，彼はあなたとの愛を確かめられて，幸せにな
るかもしれません。あなたも幸せになれるかもしれません。でも，
女性だけに妊娠の可能性があります。今のところ，100％ 完璧な避

妊方法はありません。中絶は女性の身体と心に大きな打撃を与えます。女性にとって，セックスするか否かの自己決定は，妊娠した場合に産めるかどうかという判断と完全に切り離すことはできないのです。

　完璧な避妊方法がない以上，本来は，男性がセックスの決定をするということは，女性が妊娠して産むことを決定した場合には，父親としての責任を果たすことを引き受ける決定をするということです。妊娠した女性が産むという決定をしたら，それを男性がくつがえすことはできません。2人でセックスの合意をする前に，子どもができた場合の対応について，よく話し合っておくべきでしょう。

　しかし現実には，セックスの結果妊娠したら，そのマイナス面は中絶によって女性だけが負担しています。

> 避妊するかどう
> かは私が決める

避妊をきちんとすることで，望まない妊娠はかなり防ぐことができます。避妊は女性だけがすることではありません。十分な情報にもとづいて，カップルが自分たちにふさわしい避妊方法を選べる必要があります。

　しかし，安全で確実な避妊方法の普及は，「性の乱れ」につながるとしてこれまで妨げられてきました。男女の対等な性関係を育てる性教育や避妊教育も，「寝た子を起こす」と反対されるのです。日本では，1999年まで経口避妊薬（低用量ピル）の使用は認められませんでした。ピルについては，重大な副作用がある，女性だけが避妊の負担を負うのはおかしい，として反対する女性の声も有力で

す。その場合，主にコンドームで避妊することになります。コンドームは，避妊のためだけでなく，HIV/AIDS などの性感染症（性行為によって感染する病気）からお互いの健康を守るためにも重要です。しかし，コンドームの避妊失敗率はかなり高いのです。また現実に多くの女性が月経異常の治療薬である副作用の大きい高用量ピルを避妊のために使ってきたことを考えると，副作用の少ない低用量ピルという避妊の選択肢が認められたことは評価すべきでしょう。2011 年 5 月からは，モーニング・アフター・ピルとも呼ばれる緊急避妊薬も承認薬が発売されるようになりました。

　社会がこんなありさまですから，避妊の重要性をわかっていない男性は多いのです。いいかげんな知識で「膣外射精をすればだいじょうぶ」とコンドームを拒否する男性もいます。女性のほうも，正確な知識をもっていないので，「1 回くらいだいじょうぶだろう」と安易な解釈をしてしまうことがあります。

　男性は「性に関することは男がリードするものだ」と育てられがちです。女性は「性に関することで女が積極的に意見をいうのは，はしたない」と教えられがちです。男性は，経済的・社会的に女性より優位にあります。だから，女性は妊娠を望んでいないのに，避妊をしないセックスをせざるをえないことが多いのです。その結果，中絶が最後の手段になっています。

　こうした状況は，結婚していない若いカップルでも，結婚している，もうけっして若くはないカップルでも，まったく同じです。中絶と「若者の性の乱れ」とはまったく関係ないのです。

2 産む・産まないは私が決める

◇ 勇気を出してお医者さんに行ったら「16週です」といわれました。
　ショック！

中絶って犯罪？

刑法には**堕胎罪**というものがあります。女
性の意思に反して，勝手に中絶してしまう
不同意堕胎罪（刑法215条），その結果女性を殺してしまったり傷害
を負わせてしまう不同意堕胎致死傷罪（同法216条）のように，女
性の生命・身体を守るために当然の規定もあります。しかし，女性
が自分で中絶した場合（自己堕胎罪，同法212条）や，医者などの第
三者が女性の求めに応じて，あるいは女性の承諾を得て中絶した場
合（同意堕胎罪，同法213条／業務上堕胎罪，同法214条）をも犯罪と
しています。

　こうした堕胎罪の目的は，胎児の生命・身体とともに妊婦の生
命・身体を保護することにあるとされています。しかし，どうして
女性自身の意思で中絶しているのに，それが妊婦の生命・身体の保
護のために処罰する理由になるのでしょう。自分の身体に傷をつけ
たり自殺したりしても犯罪にはなりません。それに医学的には，妊
娠初期に中絶したほうが，そのまま妊娠を続けて出産するより，女
性の身体にとってはずっと安全なのです。

　だとすると，堕胎罪というのは，胎児の生命・身体を保護するた

めのものなのでしょうか？　堕胎罪をめぐっては，これは女性の自己決定権（憲法 13 条）の侵害であるとして廃止を求める立場と，胎児の生命保護のために存続を求める立場が激しく対立しています。胎児の生命・身体の保護という目的は，堕胎罪の根拠になるのでしょうか？

胎児の生命・身体の保護のため？

堕胎罪というのは，女性の求めに応じて中絶を行った医師や中絶をした女性本人を処罰する犯罪です。処罰されるとなれば医者は中絶をしてくれません。医学的知識がある専門家による比較的安全な中絶が受けられないとなれば，女性たちは中絶をあきらめてきたのでしょうか？　いいえ，違います。女性たちはそれでもやはり自分たちで中絶してきました。そのために多くの女性が命を落としましたが，それでも中絶してきたのです。「人の命は何よりも重い」と中絶反対派の人はいいます。しかし，大切な命を守ろうとしたはずの堕胎罪は，多くの女性の命を奪ってきたのです。

　なぜなら，どうしても産めない状況が 1 人ひとりの女性にはあるからです。中絶の選択をするとき，このまま生まれてくるかもしれない胎児の命を大切に思わない女性が多いとは思えません。中絶は女性の身体や心に大きな傷を残します。それでも中絶の決定をしたときには，女性のその決定は尊重されるべきです。国家によって刑罰を科されるべきではありません。妊娠は男性がいなければありえません。しかし，男性の責任は問われていないのです。望まない妊娠の原因は，むしろ男性のほうがつくっていることは，*1* でみたと

おりです。女性だけに責任を負わせる堕胎罪は，望まない妊娠を減らすには何の役にも立ちません。

　胎児の命を守ることはもちろん大事だと思います。しかし，そのために社会がすべきことは，まず根本的に，女性が性と生殖に関する自己決定ができる力をつけられるようにすること，望まない妊娠を減らすための避妊をすすめること，子どもを産み育てられる社会的環境をつくることではないでしょうか。

問題ある母体保護法

日本には堕胎罪があるにもかかわらず，合法的に中絶ができてきたのは，**優生保護法**があったからです。

　優生保護法の認める中絶は，堕胎罪にはなりません。次の5つの場合に中絶が認められていました（同法14条1項1号～5号）。

① 　本人または配偶者が精神病，精神薄弱，精神病質，遺伝性身体疾患または遺伝性奇型を有しているもの

② 　本人または配偶者の4親等以内の血族関係にある者が遺伝性精神病，遺伝性精神薄弱，遺伝性精神病質，遺伝性身体疾患または遺伝性奇型を有しているもの

③ 　本人または配偶者がらい疾患にかかっているもの

④ 　妊娠の継続または分娩が身体的または経済的理由により母体の健康を著しく害するおそれのあるもの

⑤ 　暴行もしくは脅迫によってまたは抵抗もしくは拒絶することができない間に姦淫されて妊娠したもの

大多数の中絶は，④の「経済的理由により母体の健康を著しく害

するおそれ」があるという理由で行われてきました。

優生保護法は女性の人権を守る法律とはいえません。優生保護法の基本的な目的は，「優生上の見地から不良な子孫の出生を防止する」（同法1条）とあるように，優生思想にもとづいて「不良な」国民が生まれることを防止することにありました。そこで，1996年優生保護法は**母体保護法**に改正されました。優生思想を示す部分が削られ，中絶の規定からも，①②③が削除されました（2019年4月，旧法のもとで不妊手術を強制された障害者らに対する救済法が成立しました）。

しかし，「母体」というのは産前・産後を含む妊娠中の母親のからだをさします。中絶はすべての女性の性と生殖にかかわることがらです。それを「母体保護」と呼ぶのは，女性の性は母であることのためにあるという決めつけではないでしょうか。

また，中絶できる時期も問題です。母体保護法の認める中絶は，「胎児が，母体外において，生命を保続することのできない時期に」行われたものをいいます（同法2条2項）。この時期は，法律上は医者が判断することになっていますが，実際上は厚生労働省（旧厚生省）事務次官通知で決められています。この時期が，新生児医療の発達によってどんどん短縮されており，現在は22週未満になっています。本来，どのような行為を犯罪として処罰するかは国会で議論して法律で定めなければなりません（**罪刑法定主義**）。堕胎罪の適用範囲を，法律の改正によらないでたんなる事務次官通知で広げることは問題です。この決定に，当事者である女性の意見はまったく反映されていません。また，妊娠中期の中絶は20代前半までの若

い女性に多いことから，中絶できる期間の短縮は，出産するにしろ中絶するにしろ困難の多い若い女性たちに，さらに困難を強いることになります。

　さらに，母体保護法が，中絶の条件として配偶者の同意を要求している（同法14条1項）のも問題です。女性の意思が，配偶者の反対によって否定される可能性があるからです。女性の意思と配偶者の意思が一致しないときは，女性の意思に従うべきです。女性の身体にかかわる決定なのですから。

リプロダクティブ・
ヘルス／ライツ

1955年には117万件あった中絶が，2018年度には約16万件まで減少し，女性1000人あたりの実施率も6.4まで低下しています。避妊の普及の成果はあがっているといえるでしょう。中絶というと，10代の未婚女性の中絶の増加ばかりが意図的に強調されますが，中絶の大半は20代以降の女性によって行われています。多くの既婚女性が中絶を選択しているのです。

　女性が，安全で満足のいく性生活を送れること，子どもを産むかどうか，産むならいつ何人産むかを決める自由をもつこと，そのための十分な情報と手段をもつこと，こうした，女性の**性と生殖に関する健康／権利**（リプロダクティブ・ヘルス／ライツ）の確立が，求められています。

3 結婚はしないけれど，子どもは産みます

◇ 彼とは別れたけど，1人で子どもは産んで育てていこうかなって
思っています。これって無理かな？

子どもを産みにくい
日本の社会

1人の女性が一生の間に産む子どもの数が
減っています（**Stage 2 5**）。原因はいろい
ろ考えられますが，日本社会における子ど
もの産みにくさも指摘されています。日本は妊娠・出産する女性が
働きやすい社会だとか，子育てをしやすい社会だといった評判は聞
いたことがありません。むしろ，子どもを産んだ女性を，なんとか
追い出そうという会社もめずらしくはありません。育児は女性だけ
がやらされるし，子どもの教育費は高いし，住宅は狭い……。これ
では女性が子どもを産むのをためらっても不思議ではありません。

カップルで産む

こうした社会も，法律上の結婚をしている
カップルから生まれた子どもには，それな
りに温かく対応してくれます。法律婚の子どもは，法律上，正しい
生まれの子ども（嫡出子）として位置づけられているからです。事
実婚のカップルから生まれた子どもは，出生届の差別など法律上の
差別（後述）や社会的差別はありますが，生活上の困難は法律婚と
比べてとくにありません。また，事実婚カップルは，実質的には一

夫一妻の婚姻秩序の枠内にいるわけですから，社会的な非難を受けるわけではありません。

```
┌─────────────────┐
│  非婚で産む      ）
└─────────────────┘
```
女性が1人で子どもを産み育てるという選択はとてもしにくい状況です。周りの人たちは中絶をすすめることが多いでしょう。もちろん中絶も1つの選択です。けれども，出産も選べるのでなければ，ほんとうに自由に中絶を選択したとはいえません。

　子どもを産む，子どもと2人の家族をつくるというあなたの決定は，尊重されなくてはなりません（憲法13条）。家族の形はいろいろあってもよいのです。

```
┌─────────────────────┐
│  非嫡出子という差別  ）
└─────────────────────┘
```
非婚の母から生まれてくる子どもは婚姻外の子ですから，民法上，**非嫡出子**ということになります。姓はあなたの姓を名乗ります（同法790条2項）。あなたがそれまで両親の戸籍にいたのなら，新しくあなたと子どもの戸籍がつくられます。親権者はあなたです（同法819条4項）。

　婚外子は，これまで戸籍の父母との続柄の記載が「男」「女」でした。婚内子は「長男」「二男」「長女」「二女」などと記載されているので，一目で婚外子であることがわかるようになっていました。

　婚外子差別に対する批判が強まり，戸籍と連動して作成される住民票の世帯主との続柄記載については，1995年3月から，婚内子も婚外子も「子」に統一されました。戸籍の差別記載についても，2004年11月1日から，母との続柄を基準として「長男」「長女」

などと記載されることになりました。しかし，すでに戸籍に記載されている子については，個別に申し出なければ，従来のままです。

　出生届書には，婚内子・婚外子の別を記載しなければなりません（戸籍法49条2項1号）。こうした差別記載をさせることには，行政の事務処理上便利である，というだけの理由しかありませんが，最高裁判所は，不合理な差別とはいえないとしました（最高裁2013・9・26判決）。国連の女性差別撤廃委員会は，日本に対し，差別廃止を繰り返し勧告しています（**Stage 12 2**参照）。

　また，2013年12月まで，婚外子の相続分は婚内子の2分の1と定められていました。たとえばあなたが婚外子を出産して，そのあと子どもの父親とは違う男性と結婚して，もう1人子どもを産むと，その子どもは婚内子です。あなたが死んだときの相続権が，先の子どもには後の子どもの半分しかありませんでした。同じようにあなたが産んだ子どもなのに，そのときあなたが結婚していたか否かでなぜ差別されていたのでしょうか？

　法律婚を守るために，自分が婚外子として生まれたことについて何の責任もない子どもに不利益を負わせるのは，近代法の基本原則に反しています。最高裁判所は，ようやく2013年9月4日の大法廷決定において，相続分差別規定は，遅くとも2001年7月当時において，憲法14条1項の法の下の平等に違反し，無効であると判示し，民法が改正されて差別が撤廃されました（**Stage 11**参照）。

子どもと父親の関係　子どもに生物学上の父親がいることはあたりまえですが，法律婚をしていない場合は

法律上の父子関係は，**認知**がなければ発生しません（民法779条）。認知がなければ，法律上は親子ではないのです。たとえば，父親としての扶養の義務はありませんし，子どもは父親の財産を相続することもできません。

　認知には，父親が認知届を出して行う任意認知（同法781条1項）と，任意認知がない場合に子どもから父親に対して行う強制認知（**認知の訴え**，同法787条）があります。父親である男性は，あなたが妊娠中であっても，胎内の子どもを認知することができます。でもその場合には，おなかの中の子どもを勝手に認知されては迷惑ですから，あなたの承諾が必要です（同法783条1項）。

　しかし，子どもが生まれた後は，たとえあなたは望まなくても，父親である男性は認知することができます。子どもにとって，法律上の父親が存在することは利益になると考えられるからです。

　ただし，子どもが成人したら，子どもの承諾がなければ認知はできません（同法782条）。子どもが幼い間は放っておいて，自分が年をとったからといって成人した子どもに生活の面倒をみてもらおうというような父親の勝手を許さないためです。

　任意認知がないときに法律上の父子関係を発生させたいと考えれば，認知請求の裁判を起こすことになります。父親である男性が死亡して3年たったら，訴えを起こすことはできません（同法787条）。

　認知の効果は，子どもが生まれたときまで遡ります（同法784条本文）。父親は子どもが生まれたときから扶養義務を負っていたことになります。母親との話合いで父親が親権者になることもできるようになります。ただし，婚内子のように父母が2人とも親権者に

なることはできません（同法819条4項）。

　家庭裁判所の許可を得て，父親の姓を名乗ることもできるようになります（同法791条1項）。父親の姓を名乗ると，戸籍も父親といっしょになります。父親が死亡した場合は婚外子として相続もできます。

非婚の母へのサポート　現在の日本で1人親家族が子どもを育てていくのはとても大変です。社会のしくみが基本的に，家族を養う賃金を稼ぐ男性と，無償で家事育児を担当する女性がペアで子育てをするという前提でできているからです。だから父子家庭もとっても大変なのですが，母子家庭の場合は，とくに経済的に大変です。

　母子家庭の生活を支えてきたのが，**児童扶養手当**制度です。法律婚だけでなく事実婚も含め，両親が離婚したり父親が死亡したりした場合や，非婚で子どもを産んだ場合を対象とする制度です。かつては，非婚で産んだ子どもの場合，父親が認知すると支給が打ち切られることになっていました（旧児童扶養手当法施行令1条の2第3号）。そして，その後1年以上父親から仕送りがまったくない場合にはじめて支給が再開されました。

　しかし，認知があったからといって，父親からの仕送りの期待はそうできません。また，両親が離婚した家庭の場合には，父親が扶養料を払っていても児童扶養手当が受けられることと比較しても，非婚から生まれた子どもを差別して，支給を打ち切る理由はありません。1998年に厚生省（現・厚生労働省）は差別を廃止しました。

婚外子差別を正当化してきたのは，「結婚外の子どもの権利を認めると，きちんと結婚している人の家庭を壊すことになる」という言い訳です。しかし，いろいろな家族のつくりかたがあってよいのではないでしょうか。そして，親がどういう選択をしたかによって，子どもを差別するのは許されません。おまけに，子どもを差別したって，「無責任な」父親がまじめになるわけではありません。

　1人親家庭の生活を支えるために，2010年8月から，児童扶養手当は父子家庭にも支給されることになりました。

4 子どもがほしい。でもできない

◇ 最近，姉が「近ごろは代理母に出産を代わってもらえるそうじゃないか。やれるだけの努力をしてみようよ」とダンナに迫られてるんだって。姉は，子ども好きの彼の気持ちを考えて，とても悩んでいる。

生殖革命

　子どもをつくれず悩んでいたカップルも子どもを産める新しい医療技術が今世界で続続と開発され，実用化されています。

　こうした技術自体は，男女のカップルだけのものではありません。同性のカップルやシングルで子どもをもちたいという人たちの願いをかなえる技術として用いることもできます。また，男女の産み分けや着床前受精卵診断，遺伝子操作・治療の可能性もあります。

　人間には父母が存在する，分娩した女性が母，といったあたりま

えと思われてきた常識さえ通用しない時代がやってきました。新しい生命の誕生に，人間がどこまで介入することが許されるのでしょうか？

人工授精は，人工的に精子を女性の子宮内に送り込む技術です。夫の精子を用いて行われる AIH と，夫以外の精子が用いられる AID があります。日本でもすでに 1949 年以降 2 万人近くが AID によって誕生したといわれています。

AID の場合，子どもの父親がだれかは問題です。実際上は夫の嫡出子として出生届が出されているでしょうが，夫は生物学上の父親ではありません。夫が事前に AID を承諾していなかったとして裁判で争い，夫の嫡出子ではないと認められた例もあります（大阪地裁 1998・12・18 判決）。

体外受精は，排卵された卵子を採取して母体外で精子と受精させ，2～3 日培養してから子宮内に移植する技術です。日本でも 1983 年以降 2017 年までに約 58 万人が誕生しています。顕微授精技術による体外受精に加え，最近では，凍結胚（卵）を用いた出生児数が増えています。しかし，妊娠率は 20～30％にとどまります。妊娠率を高めるために培養期間を長くする試みがなされています。

日本では，日本産科婦人科学会が，夫婦間でだけ認めるという規制をしていますが，姉妹や兄弟，配偶者の親などが卵子や精子を提

供する非配偶者間体外受精で多くの子どもが誕生していることが明らかになっています。

　冷凍保存していた夫の精子を夫の死亡後に用いた体外受精により妻が出産した例もあります。最高裁2006・9・4判決は，子どもからの死後認知の請求を認めませんでした。

　不妊に悩む夫婦を救う画期的な技術という期待も大きいのですが，法的・倫理的にもさまざまな問題があり，かつ女性の身体に大変な負担もかかります。また，費用負担が大きく，途中で断念する人もいます。2004年度から，特定不妊治療費助成事業がはじまり，2016年には不妊治療にかかる費用を保障する保険商品の取扱いが解禁されましたが，負担の大きさは変わりません。生活がすべて治療最優先にならざるをえないので，治療のために仕事をやめざるをえないことにもなります。

代理懐胎

　しかし，こうした技術だけではまだ不妊を克服できない夫婦もいます。そうした夫婦の中には，日本では認められていない方法を求めて海外へ行く人もいます。夫の精子を第三者の女性に人工授精して妊娠・出産してもらう**代理母**，夫婦間で体外受精した受精卵を第三者である女性の子宮に移植して代わりに妊娠・出産してもらう**代理出産**，夫の精子と第三者の女性の卵子を体外受精して，さらに別の女性が妊娠・出産する**第三者卵子型代理出産**。夫婦のうちの一方とだけでもできる限りつながりのある子どもをもちたいという人たちがいるのです。

　こうした方法にはさまざまな問題があります。子どもの母親はだ

れなのでしょう？　卵子を提供した女性なのでしょうか？　出産した女性なのでしょうか？　子どもを育てようとして子どもが生まれることを意図した依頼主なのでしょうか？　出産女性と依頼主が子どもを取り合う場合もありますし，子どもを押しつけ合う場合もあります。

　代理で出産する女性は，子どもをもてない人を助けたいという善意で協力しているといわれます。しかし，出産は，場合によっては命にかかわる危険な仕事です。相対的に経済力のあるカップルが経済力のない女性に金銭を払って代わりに出産してもらっていることも事実です。物価が安いアジアで，アジアの女性を使った代理母ビジネスも展開されています。

強制される出産

戦前は跡取りを産むのが女の役割でしたから，子どもを産めない女は，妻として失格でした。もしこんな時代に不妊治療の技術があったら，多くの女性が自分はやりたくない治療を強制されていたでしょう。しかし昔はそんな技術はありませんでしたから，女性たちは夫が他の女性とセックスして子どもをつくることをがまんさせられてきました。

　「子どもが産めない女は一人前じゃない」「子どものいない夫婦は普通じゃない」という社会の感覚は，残念ながら今もあまり変わってはいません。結婚したら「子どもはまだ？」といわれます。1人生まれたら「2人目はまだ？」といわれます。夫は自分が育てる気はまったくないのに，子どもをほしがります。女性自身も，子どもを産まない，夫と2人だけの家庭生活に自信がもてません。

結婚後何年かたっても子どもができない場合，今までなら，夫婦2人の生活をつくっていこうと早めに気持ちを切り替えることができました。しかし，生殖補助医療の発達は，女性たちに新たな出産の強制をもたらしかねません。

子どもの権利
は守れるの？

　2007年，最高裁は，代理出産された子を嫡出子とする依頼人夫妻からの出生届を認めませんでした。日本の民法では出産した女性が子の母だからです（最高裁2007・3・23決定）。子どもの法律上の父母が確定されることは，子どもの養育にあたるべき義務を負う人間が確定されることです。現在の民法は，今日のような生殖技術の発達をまったく予測できないときにつくられたものですから，父母を確定するための新たな規定が必要です。また，自分の生物学上の父母を知る子どもの権利をどう保障するかも考えなければならない課題です。

Column ⑫　障害とともに生きる

　子どもをもつならだれだって，障害のある子どもの親になる可能性があります。障害児だとわかったとき，それまで障害者と直接つきあう機会がなかったら，これからどういうことになるのかまったく予想がつかなくて，動揺してしまうかもしれません。

　でも，障害があるって少しも大変なことではないのです。大変にしているのは周りなのです。車椅子を使っている人を見かけると「ああ大変だな」と思ってしまいがちですが，建物の中や道路や駅などに段差がなくて，必要なところにはエレベーターがあったら，何ということはありません。1人でどこへでも出かけて行くことができます。そ

うなったら，車椅子を使わなければいけないことは，たまたまその人の個性はそうだというだけのことです。それなのに，いろいろな個性のある人がいることを全然考えないで建物をつくるから，大変になってしまうだけなのです。そして，障害者にとって使いやすい建物や交通機関や介助制度は，高齢者をはじめだれにとっても使いやすいものなのです。これから社会の高齢化がますます進みます。障害者に暮らしやすい社会をつくっていくことは私たちすべての問題です。

　しかし，現在まだ日本の社会で障害者が日常の生活を送ることは大変です。とくに女性の場合，生理の介助が大変だ，妊娠したら大変だ，と子宮摘出手術に同意させられてしまうといった重大な人権侵害も後を絶ちません。

　障害のある女性が赤ちゃんを産んだら，赤ちゃんを育てるために介助が必要かもしれません。でも，それでいいのではないでしょうか。

　親だけで子どもを育てることはできません。国や社会がいくつもの手をさしのべて子どもを育てているのです。障害者の場合，このさしのべる手が少しよけいに必要なだけということです。

One more step

若尾典子『女性の身体と人権——性的自己決定権への歩み』学陽書房，2005

優生手術に対する謝罪を求める会編『優生保護法が犯した罪——子どもをもつことを奪われた人々の証言〔増補新装版〕』現代書館，2018

非配偶者間人工授精で生まれた人の自助グループ・長沖暁子編著『AIDで生まれるということ——精子提供で生まれた子どもたちの声』萬書房，2014

日比野由利『ルポ生殖ビジネス——世界で「出産」はどう商品化されているか』朝日新聞出版，2015

日本学術協力財団編『生殖補助医療と法』財団法人日本学術協力財団, 2012

子どもと親のビミョーな関係

子どもが生まれてはじめて出会う人は，自分の母親であり父親でしょう。子どもが大きくなって親もとを離れても，結婚して子どもが生まれても，親子の関係に変わりはありません。そんな切っても切れない親子の関係についてこの *Stage* では，親と子の権利・義務，子どもの虐待，実親子，養親子などさまざまな親子の形，「いじめ」や体罰などの話題を中心に，子どもの立場から考えてみます。

1 親は子どものためにどんなことができるの？

◇ 兄は私立大学の4年生，私は女子短大生。4年制大学の編入試験
を受けて専門資格にもチャレンジしたいと父に相談したら，「女が
勉強するとロクなことにならない」ですって──。兄は4年制に行
けて，私はどうして行けないの。

親の子どもに関する権利

(1)　親には，子どもたちが社会人として一
人前になるまで，その子を愛育する重要な
役割が期待されています。もちろん，親として子どもを守り健全な
育成に努めることは，親子の自然の情愛にもとづくものともいえる
でしょう。しかし，法律は，だれよりもまず，次世代を担う大切な
子どもを保護し育成する責任を果たしてもらうよう，子どもにもっ
とも近い存在である親にさまざまな権利を認めました。これが，い
わゆる「**親権**」と呼ばれる権利です（表8-1参照）。

(2)　民法では，未成年の子どもは父母の親権に服すると定められ
ています（818条）。その結果，子どもを守り育てるため，親には，
表8-1のような子どもに対するいろいろな重要な権利が認められて
います。

(3)　大昔は，子どもに対する親の権利（父権＝パトリア・ポテスタ
ス）は絶大なもので，ローマ法の生殺与奪の権利は文字どおり，子
どもを生かすも殺すも父親（家長）の意のままという信じられない
内容のものでした。歴史的にみると，親の子どもに対する支配権と

表 8-1　親権の内容 (いずれも未成年の子どもに対するもの)

① 子どもの監護教育権 (民法 820 条) ── 子どもをどのように育て, どのような教育を受けさせるかを決める権利
② 子どもの居所指定権 (同 821 条) ── 子どもがどこに住むか決める権利
③ 子どもの懲戒権 (同 822 条) ── 子どもを必要な範囲で叱ったり, 罰を与えたりする権利
④ 子どもの職業許可権 (同 823 条) ── 子どものつく職業に対して許可を与える権利
⑤ 子どもの財産管理権・代表権 (同 824 条) ── 子どもの財産を管理したり財産的な法律行為で子どもを代表する権利
⑥ 子どもの婚姻同意権 (同 737 条) ── 子どもの結婚に対して同意する権利〔ただし, 成年年齢と婚姻適齢がともに 18 歳になる 2022 年 4 月 1 日からはなくなります。*Stage 6 2*参照〕
⑦ 子どもの医療同意権 ── 手術治療など必要な医療について同意する権利
⑧ 子どもの縁組同意権 (同 797 条・817 条の 6) ── 子どもの養子縁組に同意を与える権利
⑨ 子どもの命名権 ── 生まれた子どもに名前をつける権利

いう色彩から, 次第に未成年の子どものための監督保護権という発想へと転換をしてきました。

　そして, 現代では, こうした「**親の権利**」は, 子どもの利益や幸せのために親に認められるものと観念され, むしろ, 「**親の義務**」とさえ考えられるようになっています。2011 年 6 月の民法の一部改正で, 民法 820 条に「子の利益のため」という目的が明記されました。

親の責任は重い！

(1) 子どもを守るしくみ　それでは, 子どもに対して負う親の義務や責任というのはどういうものでしょうか。子どもは親とは別個独立の人格的存在

であり，社会にとって将来を担う大切な宝物です。ですから，子どもがすくすくと健康に育ち立派に成人して一人立ちできるようになることに，社会も大変な関心をもっているのです。

　まず第1次的に，子どもにとっていちばん身近な存在である親が子どものためにさまざまな権能をもって子を保護育成する。そして，もし親やこれに代わる人がいなかったり不十分なときは，社会が責任をもって第2次的に保護育成の責任を果たす。これが子どもの幸せを中心にする現代の法制度の基本的な枠組みといってよいでしょう。

　(2)　子どもの権利条約　　児童福祉法は，「全て児童は，児童の権利に関する条約の精神にのっとり，適切に養育されること，その生活を保障されること，愛され，保護されること，その心身の健やかな成長及び発達並びにその自立が図られることその他の福祉を等しく保障される権利を有する」と規定されています（1条）。

　そして児童の権利条約（子どもの権利条約）も，子どもの最善の利益を目標にして，国は，親や保護者などの権利および義務を考慮しつつ，子の福祉に必要な保護やケアを確保し，立法，行政上の措置をとらなければならないとしています（同3条）。この条約は，18歳未満の子どもたちに，おとなと同じように人間として当然に認められるべき各種の「人権」の保障を与えなければならないとしました。子どもを，おとなとは別個独立の存在として尊重し，子ども自身がもつ各種の権利を，条約を締約した国やその国にいる親に対して確保するよう強く求めているのです。

　(3)　子どもの基本的人権尊重のために　　「どうせ子どもだから」

表 8-2 子どもの権利条約での主な権利

① 平等の権利（2条）　人種，皮膚の色，性，言語，出生などで差
別されない権利
② 生命や生存への固有の権利（6条）
③ 出生の時から国籍や名前をもつ権利（7条）
④ アイデンティティの権利（8条）
⑤ 親から引き離されない権利（9条）
⑥ 家族の再会のための出入国の権利（10条）
⑦ 意見を表明する権利（12条）
⑧ 表現，思想，良心，宗教の自由に対する権利（13条・14条），プ
ライバシー，通信，名誉に対する権利（16条）
⑨ 親の第1次的養育責任への援助（18条）
⑩ 親による虐待，放置，搾取からの保護（19条）
⑪ 家庭的養護，養子縁組への権利（20条・21条）
⑫ 障害児の権利，健康・医療への権利（23条・24条）
⑬ 社会保障，生活水準への権利（26条・27条）
⑭ 教育への権利，休息・余暇・遊びへの参加権（28条・31条）
⑮ 経済的搾取・有害労働から保護される権利（32条）
⑯ 子どもの誘拐・売買・取引の防止（35条）
⑰ 武力紛争における子どもの保護（38条）

「未成熟だから」といって，子ども自身の基本的な人権を無視する
ことは許されません。国も社会も親も，子どもが生まれながらにし
てもつ基本的権利を侵すことなく，その実現に努めることが何より
も要請されているのです。

　表 8-2 にあげた子どもの権利は，あるものは国に，あるものは社
会に，あるものは親に対して，その実現のため法的義務として課せ
られています。法において，権利と義務とは相互に対応関係にあり
ます。その意味で，子どもの生まれつきの人権を守り実現する親の
責任は，非常に重いのです。

大学の学費は扶養
義務の範囲内？

(1) 親の権利と義務 　親は「子の利益のために」未成熟の子どもを監護し教育する権利と義務の双方を負担しています（民法820条）。**監護**とは身の回りの世話や保護のことで，教育は知能や技能を伸ばし，しつけをすることなどをさしますが，両者を区別する必要はほとんどないでしょう。つまり，親は，子どものもつ能力や適性に従い，またその発達段階に応じて，子どもが必要とする監護教育の責任を果たさなければならないのです。そして，当然に子どもの監護教育にかかる費用も親が負担しなければなりません。

両親が別居していても父母が婚姻中は，母親が別に暮らす父親に対して監護費用・養育費（同法766条）や**婚姻費用の分担**という形で請求することもできますし（同法760条），あるいは子ども自らが親に対する**扶養料**という形で請求することも考えられます（同法877条）。

(2) 生活保持の義務 　親の未成熟の子に対する扶養義務の程度は，夫婦の間の扶養の義務と同じように，「**生活保持の義務**」と理解されています。つまり，自分と同じ程度の暮らし向きを維持し支える重い義務です。月給が10万円であったとしても，これをみんなで分け合って同じ生活をしなければなりません。

これに対して，成熟し独立して生計を立てる子と親，兄弟姉妹の間では「**生活扶助の義務**」があるといわれています。つまり，自分の生活を犠牲にしたり，暮らし向きを落とすことなく，余裕がある限りで援助すればよいのです。

大学など高等教育の費用が親の子どもに対する扶養義務の範囲に入るかどうかについては，いろいろと考えかたの違いがあります。

親の経済力, 職業, 社会的地位, 子ども自身の能力, 適性, 経済的
援助の必要性などを考慮して, 具体的な扶養の方法や金額は決まる
ことになっています。たとえば, 離婚して別居している父親に4年
制大学に進学するための学費および生活費を求めた事件で, 裁判所
は, その子が成人に達し, かつ, 健康であることの一事をもってた
だちに, その子が要扶養状態にないと断定することは相当ではない
としたケースがあります (東京高裁 2000・12・5 決定)。

(3) **大学の授業料は** 大学・短大への現役進学率は, 2018年で
54.8％に上昇し, 私立大学の授業料負担は1年間で平均文系78万
円, 理系110万円にもなっており, 国立大学が54万円ですから, 2
倍近くになっています。今日では, 人々の専門教育をめざす傾向は
強まり, 子どもが社会的に一人立ちするためにも大学教育の必要性
は高まっています。

あなたも, 両親の資力, あなた自身の勉学への意欲や能力に応じ
て, 相当な範囲で経済的援助を求めることができます。お兄さんが
4年制の大学の費用を負担してもらっているのに, 「女性だから高
等教育の必要がない」というのがお父さんの反対する理由だとすれ
ば, とんでもないことです (東京高裁 2010・7・30 決定)。お父さんは,
娘の「高等教育の費用」の援助を求める権利 (扶養を受ける権利) を
尊重しなければなりませんし, 高等教育へアクセスする権利は子ど
もの権利条約にも定められています (同条約 28 条 1 項(c))。

お父さんに大学での授業料や学費相当分を貸してもらい, 卒業し
て就職した時点から返済するという契約も法的には可能でしょう。
いずれの方法にしても, お父さんから授業料を出してもらって, し

っかり勉強して下さい！

2 子どもは親の所有物じゃない！

◇ 友人が「中学生の妹が，父に性的ないたずらをされて……」と辛
い悩みを打ち明けてきました。相談された私も，あまりのことにど
うしてよいのかわかりません。彼女の妹さんを救うにはどうすれば
よいのでしょう。

子どもへの性的虐待

(1) **児童虐待の実態**　アメリカでは児童
虐待の報告件数が，2017年末で350万件
（約600万人）にものぼり，毎年1000人以上の子どもたちが虐待や
放置の結果亡くなっているというショッキングな報告が出されてい
ます。被害内容では，生活に必要なものを与えないケースが7割を
超え，性的虐待は10％にのぼっていました。日本でも，厚生労働
省の調べでは，全国の児童相談所に寄せられた児童虐待の相談件数
は，1990年に1101件だったのが，2018年には15万9850件に増え，
とくに都市部の児童相談所では急増しているともいわれています。
しかし，この数字でさえ，ほんの氷山の一角で，実際にはこの何十
倍もの親による虐待・放置があるといっていいかもしれません。

(2) **虐待はなぜ隠されているか**　子どもの虐待の実態がなかな
か明らかにされない背景には，次のような事情があります。1つは，
家庭という閉ざされた生活空間のできごとであるため，虐待や放置
の事実を外部から発見することがむずかしいのです。2つには，法

制度上のさまざまな不備が指摘されています。欧米諸国では，子どもの虐待を発見しそうな人すべてに罰則つきの通報義務を課し，善意で間違った情報を伝えた人に対し責任を免除するなど，通報を奨励する制度をおいています。しかし日本では，児童福祉法25条の**通告制度**が十分でなく，あまり有効に機能していないという点がありました。また，現在の親権の考えかたは，親本位の古い構造をもち，子ども中心の権利システムとして徹底していません。3つめに，子どもの虐待を発見する可能性の高い医師，保健師，学校関係者，警察官などの関係者の認識や協力体制がいまだ不十分で，適切な対応のしかたを知らない点も問題でしょう。

　これらの問題に対応するため，児童虐待防止法が2000年11月より施行されました。そのため，現在では早期発見・通告制度，職員等の立入調査権，被害児や虐待親のケアなど，ある程度の法制備がされています。

　(3)　**虐待は繰り返される**　　虐待を受けた子どもたちは，心身に重大な傷を残し，正常な発達が妨げられるだけでなく，生命を失う危険にもさらされます。家庭という安らぎの場で，親によって生命や身体が脅かされるというのは，何とも痛ましいことです。性的虐待を受けた子どもたちは，異性との健全な関係を築けず，恐怖心から良好な人間関係を維持することもむずかしくなることさえあります。子ども時代に虐待をされた人は，おとなになって同じように自分の子どもに対する虐待の加害者にまわることが多いといわれています（**虐待の世代的連鎖**）。実に悲しいことです。

強すぎる親の権利	(1) 民法では，親に，親権を濫用したり子どもの福祉を著しく害するような不適切な

事情があるときには，家庭裁判所は親権の喪失審判を求めることができるとされています（834条）。しかし，実際に親権喪失の審判が請求され認められたケースはきわめて少ないのが実情でした。日本でもようやく1994年に，子どもの権利条約が発効しました。しかし，世間では「子どもは親の従属物」「子どもは親の所有物」という旧態依然とした意識が強く，民法でも古い支配権的法構造をそのままに残しています。その結果，親権喪失審判の制度は，子どもの利益や福祉を実現するためのシステムとして有効に機能していません。

2017年7月には，性犯罪を厳罰化する改正刑法が施行され，親など生活を守るべき者（監護者）がその影響力を利用して，18歳未満の子どもにわいせつ行為，性関係を強要した場合には，暴行や脅迫がなくても，重く処罰されるようになりました（刑法179条）。

(2) **児童相談所長による親権喪失審判の申立て**　かりに，児童福祉施設で子どもを保護していても，親権者である親の同意で入所した場合（児童福祉法27条4項）はもちろん，家庭裁判所の承認により，同意によらず「措置入所」した場合でさえ（同法28条），親の親権は制限されないと解されてきました。そのため，子どもを虐待する親に対抗するには，これまでは児童相談所長の申立てによる親権喪失審判（同法33条の7）という方法しかありませんでした。

たとえば，離婚後の父子家庭で，父親が中学生の娘に暴力で性交を強要し，娘は家出して児童相談所で一時保護されたところ，父親が強引に引取りを要求するので，児童相談所長から親権の喪失を求

めたというケースがありました。この事件では，被害者が中学生で
あったのである程度の判断力をもって中学校の先生に助けを求める
ことができ，客観的証拠もそろったため，父親の親権の剝奪が認め
られたのです（東京家裁八王子支部 1979・5・16 審判）。

　このような中で，2000 年 5 月に児童虐待防止法が成立しました。
この法律は，児童虐待の定義を定め，すべての人に子どもの虐待を
禁止し，国および地方公共団体に虐待の防止やケアの体制を整える
責務も課しました。また，医師，教師等虐待を発見しやすい立場に
ある者に早期発見義務を課し，都道府県知事は職員等に立入調査を
させることができるとしたり，しつけと称して虐待がおこなわれな
いような規定も置きました。なお，2004 年 4 月には，児童相談所
などへの通告義務の対象を「児童虐待を受けたと思われる児童」に
も拡大するなどの見直しがあり，2007 年には，強制的な立入調査，
面会・通信の制限の強化，指導に従わない場合の措置の明確化など
の改正（2008 年 4 月施行）がなされました。2016 年には，児童虐待
について発生予防から自立支援まで，一連の対策強化のための児童
福祉法の改正がありました。また，最近の目黒や野田での女児虐待
死事件を受けて，2019 年 6 月には，児童相談所の体制強化や親の
体罰を禁止する児童福祉法・児童虐待防止法の改正がありました。

親の権利の一
時停止・剝奪

　(1)　児童相談所，家庭裁判所　　あなたの
友人の妹さんについては，近くの家庭裁判
所か児童相談所に相談したらよいでしょう。
児童相談所では**一時保護**をし（児童福祉法 33 条），都道府県知事を通

じて家庭裁判所の承認を得たうえで，親権者である父親の意に反しても強制的に児童福祉施設に入所させ，虐待をやめない親から子どもを引き離すことができます（同法28条）。

　しかし，親権者からの引取り要求に対して法的に対抗するためには，**親権喪失審判**の申立てを家庭裁判所に求めなければなりません。家庭裁判所が，児童の虐待や親権の不適切な行使の客観的事実を審理して審判を出すまでには日時を要するため，親権者の職務執行を停止しまた職務代行者を選任するように保全処分を申し立てれば，迅速に処理されますし，審判が出るまでの間，子どもは安心して児童福祉施設にいることができます。

　(2)　**緊急事態に対応するには**　　2011年5月には，児童虐待防止や子どもの権利を守るために，民法が改正されて，親権停止制度が導入されました。親の親権行使が不適切であるとか，親権行使が困難で子の利益を害するときは，家庭裁判所は，子ども本人，親族，未成年後見人等からの申立てにより，2年以内の期間，親権を停止することができます。このほか，親権者は，子の利益のために監護教育をすることも明確にされました。2011年5月の児童福祉法の改正でも，施設入所等の措置が採られている子の監護等に関し，子の福祉のために施設長が採る措置を，親権者等は不当に妨げてはならないことも明確に規定されました。また，児童相談所長等も，親権停止の審判を申し立てることができるようになりました。現在，親の懲戒権を見直す動きもでています。

　　Column ⑬　悪魔ちゃんはダメ 〜〜〜〜〜〜〜〜〜〜〜〜〜〜〜〜〜〜〜〜〜〜〜
　　子どもが生まれたときに，親は出生から2週間以内に出生届を役所

に提出しなければなりません。出生届をする人は，原則として，嫡出子（結婚によって生まれた子）は父または母，嫡出でない子（結婚外で生まれた子）については母です。この出生届の用紙には子どもの名前，性別，出生の年月日，時間，場所など必要事項を記載しますが，分娩に立ち会った医師などの出生証明書がいっしょになっています。

　ところで，子どもの名前は法律上だれがつけるのでしょうか。子どもに命名をする権利は親権の一作用として親の権利であるという考えかたと，名前をもつ権利は子ども自身の権利だが，自分でつけられないため親が代わって代行するという考えかたがあります。多数説は，命名権は親の権利で子どもの幸せを考えて親が名づけるとの見解をとっています。

　それでは，親は，どんな名前でも自由につけることができるのでしょうか。子どもの名前には，常用平易な文字を用いなければならないという制限はありますが，漢字，平がな，片かなならよく，とくに制限はありません（戸籍法50条）。もっとも，著しく珍奇難解難読，忌わしいもの，わいせつなものなど，社会通念上明らかに名前として不適当と考えられるものは受理されません。

　たとえば，人に注目され向上する人になってほしいと「悪魔」という名前を届け出たところ，親の命名権の行使は原則として自由だが，例外的に親権の濫用にわたる場合や社会通念上明らかに名前として不適当な場合，また名前のもつ本来の機能を著しく歪める場合，役所は名前の受理を拒否できると判断したケースがあります（東京家裁八王子支部1994・1・31審判）。裁判所は，「悪魔」という名前が，いじめの対象となって本人の社会的不適応を招く危険があると判断したのです。

3 親子の形いろいろ——血縁親子を超える

◇ 別居中の両親が離婚して，私は母親と暮らすことになりましたが，母親から「あなたの本当の父親はほかにいる」と知らされて，とてもショック。血縁上の父と戸籍上の父のどちらが本当の父親なの？

法律上の親子とは

(1) **親子関係の種類**　通常，親や子といえば血のつながった親子のことを考えるでしょう。もちろん，自然的血縁による親子が法律上も基本となっていますが，世の中には，社会的・心理的に親子であっても，生物学的な親子関係がない場合がありえます。法律（民法）では，自然的血縁で結ばれた**実親子関係**と，自然的血縁は欠けていても法律上は親子関係を擬制する**養親子関係**の2種類があります。そして，さらに血縁による実の子にも父母の結婚の有無により，**嫡出子，嫡出でない子**という区別をおき，養子にも，当事者の合意によって形成される**普通養子**，家庭裁判所の審判によって創設される**特別養子**の区別があります。

(2) **さまざまな親子**　このように，法律上の親子関係は，自然的血縁の存在やその擬制のうえに形成され，普通は，当事者の親子になろうという意思と愛育の事実，親子にふさわしい社会関係や生活関係が存在していることが多いでしょう。

しかし，最近では，医学や生命科学の目ざましい進歩によって，

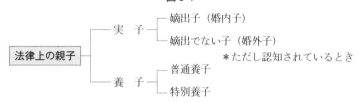

図 8-1

```
                      ┌── 嫡出子（婚内子）
            ┌── 実　子─┤
┌───────────┐│          └── 嫡出でない子（婚外子）
│法律上の親子├┤                    ＊ただし認知されているとき
└───────────┘│          ┌── 普通養子
            └── 養　子─┤
                      └── 特別養子

┌───────────┐
│法律外の親子│
└───────────┘
```

人工授精，体外受精，受精卵の冷凍保存，第三者の卵子提供，代理出産（最高裁 2007・3・23 決定），死後懐胎子（最高裁 2006・9・4 判決）など**人工生殖**による親子が登場し，「だれとだれとの間に法律上の親子関係が成立しているのか」「親子とはいったい何か」という根本的な疑問を提起しています。

　実の親からの監護委託契約にもとづく**私的里親**，児童福祉法にもとづき委託された**公的里親**，養子としての届出を欠く**事実上の養子**（内縁養子）なども広い意味での社会的親子でしょうが，法律上は正式の親子関係と認められてはいません。結婚相手の親や連れ子との関係は，いわゆる義理の親子（直系姻族1親等）にあたります。このように世の中には，実にさまざまな親子の形があります。

┌─────────────┐
│「実は夫の子　│
│　じゃないの」│
└─────────────┘

(1)　嫡出推定　　民法でとくに規定はありません が，結婚している父母によって生まれた子のことを嫡出子，婚内子と呼びます。これに対して結婚していない父母から生まれた子は，嫡出でない子，非嫡出子，婚外子と呼ばれ，父との関係も**認知**によって成立することになります。

結婚している夫婦の間では性のモラルが守られ，妻が夫以外の男性と関係を結ぶことは異例のできごとと考えられていました。そこで民法は，結婚道徳や医学的統計にもとづいて，妻が結婚中に妊娠した子どもは夫の子どもであると推定しました。結婚の成立から200日後，結婚の解消または取消しから300日以内に妻の産んだ子は，結婚中に妊娠したものとみなされます（民法772条）。このような嫡出子の場合の父性推定のことを，**嫡出推定**というのです。

　最近ではこの規定の形式的適用により，前夫の子でないことが明らかであるのに前夫の子として届出をしなければならず，子どもが無戸籍となっているいわゆる「300日問題」が話題になっています。

　(2)　**父子関係を否定するには**　　生まれた子どもが嫡出推定を受けると，その子については，原則として夫のみが**嫡出否認**という訴えの方法で，親子関係を否定することができるとされています（民法774条・775条）。夫であっても「子の出生を知った時から1年」を経過するともはや親子関係を争えず（同法777条），子どもの嫡出性を承認した場合（同法776条）にも親子関係が確定して，真実でない親子関係を否認できなくなります。

　このような，強力な推定規定をおいたのは，夫婦関係のプライバシーが第三者によってかき回されたりすることなく（**家庭の平和**），子どもに早期に安定した父子関係を与えたい（**子どもの利益**）という理由からです。現在，法制度の見直しが検討されています。

　(3)　**嫡出推定の及ばない子**　　夫が海外勤務や服役するなどして長らく不在であったとか，蒸発して行方不明だったとか，事実上の離婚状態だったなどの理由で，妊娠可能な時期に正常な夫婦関係が

ないという客観的状況にあった場合，この強力な嫡出推定の規定は適用されません（最高裁1969・5・29判決）。これを「**推定の及ばない子**」と呼んでいます。妻が産んだ子どもが夫の子でないというのは異常なことで，事実上の離婚や長期不在など外からみて明らかな場合に限るべきだという考えかたが強くあります（最高裁2000・3・14判決）。他方，親子における血縁主義を徹底させて，生殖不能，血液型の不一致，人種が違うなど科学的実質的に血縁がないと証明できる場合には，推定を及ぼさないという立場もあります。現在は，家庭の平和が崩壊していて，しかも子どもの利益にも反しなければ，子どもが生まれて1年以上経過しても，嫡出推定を及ぼすことなく，真実の親子関係を明らかにできるという考えかたや再婚するなど新しい家庭が形成されているときには真実の父子関係を明らかにできるとの立場もあります。

(4)　**親子関係不存在確認の訴え**　　あなたの場合も，お父さんの子としての推定が排除される事情があって「推定の及ばない子」に該当すれば，いつでも**親子関係不存在確認の訴え**によって，戸籍上の父子関係を争うことができます。たとえば，戸籍上の父子関係であっても親子関係が存在しないことが血液型の不一致など科学的証拠により客観的かつ明白に証明されて，かつ子どもの母と戸籍上の父が離婚して家庭が崩壊しているような事情がある場合には，「推定の及ばない子」ですから，親子関係不存在確認の訴えでよいとしたケースがあります（東京高裁1994・3・28判決）。

しかし，最高裁は，婚姻中妻が妊娠して産んだ子については，たとえ夫と子との間に生物学上の父子関係がないことがDNA鑑定の

結果明らかであり，かつ夫婦の関係が破綻して夫婦が離婚し，妻が別の男性と暮らしている事情があっても，嫡出推定は及ぶので，親子関係不存在確認の訴えは認められないと判断しました（最高裁2014・7・17判決）。子の地位の安定を図るため，事実上の離婚など客観的に懐胎が不可能なケースに限定しようという考えかたが再確認されました。

◇ 母は一人娘であるため母方の祖父が，私と形だけの養子縁組をして「家」を継がせたいといってきたそうです。両親は「名目だけの養子だからいいじゃない」とすすめるのですが，「家」のための養子なんていや！

養子制度とは

(1) 家のための養子制度　養子制度は，もともと親子関係がない者の間に親子関係を人為的につくるシステムです。家父長制的家族制度のもとでは，養子は「家」の存続や発展のために利用されました。つまり，「家」の跡継ぎを確保し，その後継者に財産を継がせ祖先の祭祀（先祖を祭ること）をさせて，お墓や家を守らせたのです。

また，養子制度は家族が生産労働を担う社会では，家庭内の労働力供給や確保の手段としても活用されました。年老いた親の扶養や老後の面倒をみるための養子も「おとなの側の事情での養子」でした。明治民法での養子制度は，遺言養子，婿養子が認められるなど，「家」や「親」のための養子としての色彩が強いものでした。

(2) 子どものための養子法へ　戦後，日本の養子制度も，未成年養子に家庭裁判所の許可を必要とするなど**子どものための養子法**

への改正がありました。とくに 1987 年には恵まれない子どもについて，実の親子と同様の関係を審判で創設する特別養子縁組制度が新設されたため，日本の養子制度も子のための**児童福祉型の養子法**へと大きく転換をしました。

―――――――――――
特別養子制度は
なぜできたか
―――――――――――

日本でも，欧米諸国にならって 1988 年から**特別養子制度**をスタートさせました。しかし，特別養子の利用件数は年間 500〜600 件程度しかなかったので，この制度をより利用しやすくするために，2019 年 6 月に，養子となる者の年齢要件を引き上げ（原則 15 歳未満，例外 18 歳未満），成立審判を 2 段階に分け，第 1 段階の特別養子適格確認審判の申立ては，養親となる者だけでなく，児童相談所長もできることにする民法等の改正をしました。特別養子制度には，次のような条件が必要です。

① 対象となる子どもが原則として満 15 歳未満（例外 18 歳未満）であり（民法 817 条の 5），要保護児童に限られること（同法 817 条の 7）

② 6 カ月以上の試験養育期間を設けること（同法 817 条の 8）

③ 原則として夫婦が共同で養親となること（同法 817 条の 3）

④ 家庭裁判所の審判により成立すること（同法 817 条の 2）

⑤ 実の親やその親族との法律関係は原則として消滅し（同法 817 条の 9），養親の完全な嫡出子としてとりこまれること（同法 809 条）

⑥ 戸籍上の実親子らしい表示がなされること（戸籍法 20 条の 3）

⑦　原則として離縁を認めず子どもの利益を害する例外的事情が
　あるときに限ること（民法 817 条の 10）

　これに対して，普通の未成年養子だと，15 歳未満の子では，実
親と養親との契約（**代諾縁組**）によって親子関係をつくることがで
き（同法 797 条），戸籍上も養子という記載が残ります。また，実親
との関係が残存するために，実父母の扶養義務や相続権も残ります
し，離縁も認められるため，実の親子と同様のかたい絆がつくりに
くい面があります。

　なお，他人夫婦の子を自分たちの実子として出生届をし 55 年以
上にわたり親子同様の生活を続けてきたいわゆる「藁の上からの養
子」について，相続争いでの第三者による親子関係不存在確認請求
を権利濫用で許さないとしたケースもあります（最高裁 2006・7・7
判決）。また，代理懐胎の出生子を特別養子とすることを認める事
例も出てきています。2016 年 12 月には，養子縁組のあっせんをす
る事業を許可制にして国や自治体が財政支援をする「養子縁組児童
保護法」が成立しました。

| 成年養子は何のため？ |

(1)　成年養子の実態　　日本の養子縁組件
数は，1952 年に約 10 万 7000 件ともっと
も多かったのですが，2017 年は 7 万 5111 件で最近は 7〜8 万件前
後となっています。

　現行の養子制度には，未成年の子の幸せのために好ましい親と家
庭を与えるという理念がある一方で，現実には 3 分の 2 以上が**成年
養子**であり，**未成年の養子**は 3 分の 1 にすぎません。成年養子には

20代30代の成人男性がなり，家の後継者の確保，家名，家業の承継，老親の扶養とこれに伴う遺産相続のために利用されています。未成年養子でも，**再婚による連れ子養子**（継親養子）が7割強を占め，2017年の家庭裁判所の許可養子の新受件数は907件と1985年と比べ3分の1近くにも激減してしまいました。

(2) **ゆるやかな養子縁組の条件**　わが国の養子制度は，**契約型の普通養子**（成年養子・未成年養子），**官庁宣言型の特別養子**とに分かれ，いろいろな形の養子を選択できる構造になっています。

とくに成年者の普通養子縁組では，実際の養親子関係の中身や縁組の目的の多様性から，家業，家名，祭祀承継，財産相続，老親扶養のための縁組も効力を認められ，非常にゆるやかです。たとえば，孫に相続分を取得させるためだけの養子縁組も「親子としての精神的なつながり」をつくる意思はあったとして有効だとされています（最高裁1963・12・20判決）。節税目的の孫養子を有効とする最高裁判決も出されました（最高裁2017・1・31判決）。最近は多重債務者が債権者からの追及を免れたり，ブラックリストにのらないように，氏の変更のために養子縁組を悪用するケースが出てきていて，社会問題化しています。

このようにみると，あなたの名目だけの孫養子のケースも法的には有効です。しかし，あなた自身が絶対に「家」制度的意識での便宜的な養子になりたくないというのなら，勇気をもって，その気持ちを伝えるべきでしょう。あなたが断っても，愛情あるおじいちゃんなら，きっとわかってくれるのではないでしょうか。

4 親子で立ち向かう学校の現実

◇ 弟は中学2年生ですが，入学直後から同級生数人による陰湿で執拗^{しつ}ないじめを受け，お金を脅し取られたり，けがをさせられたりで，とうとう学校へ行かなくなってしまいました。いったい，どうしたらよいのでしょうか。

学校での陰湿ないじめ

(1) いじめの実態　文部科学省の調べでは，1985年の全国の小中高校でのいじめの発生件数は15万5066件にのぼり，小学校9万6457件，中学校5万2891件，高等学校5718件もありました。91年には，数字のうえではだいぶ鎮静化し，全体で2万2062件と減少しましたが，95年には公立小中校の「いじめ」件数は6万96件にも増えました。2017年度には，小学校・中学校・高校・特別支援学校のいじめの認知件数は，41万4378件で，前年より9万1000件以上増えました。

同級生による執拗^{しつよう}かつ陰湿ないじめのため，不登校に陥ったり自殺に走る悲惨なケースも後を絶ちません。文部科学省の調査では，2017年の小学校・中学校の不登校児は14万4031人で，そのうち小学生の約1割，中学生の約2割がいじめなどによるものとみられています。いじめが原因とみられる少年の自殺は，内閣府および警察庁によると，2005年は1件，2010年4件，2016年8件でした。また，いじめに起因する少年事件は2013年に410件あり，前年よ

り約60％も増加しましたが，2018年には152件に減少しています。

(2) **現代のいじめの特徴**　これらいじめの深刻化は，激しい受験戦争や偏差値教育，塾通いにより，人と人とが触れ合う本来の教育の姿が歪められ，小学校や幼稚園にまで，学習効率の追求や管理教育化，有名校進学への予備校化が進んできていることとまったく無関係ではありません。現代のいじめの特徴は，集団で弱いもの，異質なものを執拗かつ陰湿にいじめることで，「ネットによるいじめ」など被害も深刻かつ凄惨（せいさん）です。「言葉によるいじめ」「集団による無視，仲間はずれ」「暴行・傷害」にいたるまで，教育現場の荒廃と子どもたちの荒れた心が見え隠れする現象のように思われてなりません。2013年には，国や自治体，学校等に対して，いじめ防止のための基本的施策を講じ，関係機関との連携を図る「いじめ防止対策推進法」が成立しました。

いじめと学校
や父母の責任

(1) **いじめにあったら**　小学校の児童や中学・高校の生徒間でのいじめのため，被害を受けた子どもは，いじめた子どもの親や学校側にどのような責任を追及することができるのでしょうか。

いじめの被害にあったら，まず担任の先生や相手方生徒の両親にきちんと話をして，どうしたらよいか相談することが大切でしょう。担任の教師や相手方の父母がきちんと対応してくれない場合は，校長や副校長など管理者に伝えるべきです。場合によっては教育委員会や児童相談所に出かけることも必要です。それでも迅速で適切な対応がされないときは，弁護士会や法務局の**人権擁護委員会**などに

人権侵害として申立てをするほうがよいでしょう。時間がかかれば かかるほど，いじめは陰湿なものとなり，エスカレートしますから， 気をつけて。

(2) **悪質ないじめは犯罪**　中学生であってもお金を脅し取っ たりすれば恐喝罪，殴る蹴るの乱暴を働けば暴行罪，その結果身体に けがをさせれば傷害罪などの犯罪になりますから，このような悪質 な行為に対して警察や検察庁に告訴することも検討すべきです。悪 質ないじめは立派な犯罪であり，絶対に許されないことを銘記すべ きでしょう。

(3) **損害賠償の請求も**　陰湿ないじめによる被害に対して損害 賠償の責任を問うことも可能です。公立の中学校の場合には，教師 や校長に職務上の不法行為があったとして，国や地方自治体（市町 村）に**国家賠償**を求めることになりますし，私立中学校の場合には 学校法人との在学契約上の**安全配慮義務**の違反・不法行為の損害賠 償請求が可能です。そのいずれの場合も，学校教育では，心身とも に未成熟の児童・生徒が対象になっていますから，教師や学校側に は子どもの安全を保護し，教育指導に努める特別の注意義務が課さ れます。子どもの適切な指導監督を怠って深刻ないじめの対策もせ ず，放置し，重大な被害を発生させた場合には，教師，学校に指導 監督上の重大な過失があったといわざるをえません。

また，加害生徒の両親も親権者として，子どもを指導監督する責 任を負っています。小学生くらいまでの子どもが悪質ないじめをし たときは，子ども自身に責任を負担する能力がないので，両親が監 督義務者として賠償責任を負うことになります（民法714条）。した

がって，いじめをした児童・生徒の両親も，子どものいじめを防止するよう監督の義務を怠っていた過失がある場合には，不法行為の損害賠償の責任を負うことになるでしょう（同法709条・719条）。

　区立中学校2年生の男子が同級生グループの執拗で陰湿ないじめを受け，「このままじゃ『生きジゴク』になっちゃうよ」という遺書を残して自殺したケースで，加害生徒の父母および担任の教師たちには，生徒間のいじめ防止のため適切な措置をとらなかった過失があったが，被害を受けた生徒が自殺することについての**予見可能性**はないと判断され，父母および学校側には，いじめによる肉体的精神的苦痛への慰謝料1000万円，弁護士費用150万円の支払が命じられたケースがあります（東京高裁1994・5・20判決）。また同級生による執拗で陰湿ないじめを受け自殺した，中学3年生の両親が学校を設置する市などを訴えたところ，いじめと自殺との因果関係を否定したケースもあり（東京高裁2007・3・28判決），大津の市立中学2年生のいじめ自殺の訴訟では市が賠償責任を認めて4100万円で和解が成立するなど（2015・3・17），いじめ自殺が続発するなかで，厳しい内容となっています。

Column ⑭ 体　罰

　2012年12月に，大阪市立桜宮高校バスケットボール部の主将を務めていた高校2年の男子生徒が，顧問の元教員から平手打ちなどの暴力や暴言を繰り返して受けたために自宅で自殺するというショッキングな事件が起こりました。顧問の元教員は傷害と暴行の罪で懲役1年執行猶予3年の有罪となり（大阪地裁2013・9・26判決），大阪市に約7500万円の損害賠償を命じる判決が出されました（東京地裁

2016・2・24 判決）。

　文部科学省の調査でも，2012 年に全国で 6721 件もの体罰が発生しました。2017 年に全国で発生した体罰の件数は 773 件と減少傾向にあります。しかし，2018 年には，さいたま市立南浦和中学校で中学 1 年の生徒が教師の暴言や厳しい指導で自殺したのではないかと疑われる事件も起こりました。学校教育法 11 条では，教師が「教育上必要があると認めるときは」児童・生徒に懲戒を加えることができるとしていますが，「体罰を加えることはできない」と法律でも体罰は全面的に禁止されています。つまり，教師は教育上必要な範囲で，子どもを叱ったり，立たせたり，罰を与えることができますが，体罰は絶対に許されません。殴る，蹴るなど身体的に暴行，傷害を負わせることはもちろん，トイレに行かせないとか，食事をさせない二度と来るな，など肉体的精神的苦痛を伴う暴言も許されません。

　「ビシビシ叱って子どもを教育してほしい」という愛のムチ論を親の 8 割近くが支持しているともいわれます。しかし，体罰は，問題行動を一時的に抑制しても，本当の原因を取り除く効果はありません。体罰によって子どもと教師との信頼関係は破壊され，子どもを納得させず力で押さえつけることで，かえって子どもの反発を招くなど，子どもの学習発達や人格形成にマイナスの影響を与えるのです。

5 子どもが親を訴える？

◇ 父はカッとなりやすく，気に入らないことがあると母親や私たち子どもを殴ったり蹴ったりします。先日，父はつまらない理由で腹

を立て，幼い弟をバットで殴り大けがをさせました。父の暴力に耐えかねた母も私たちも家を出ましたが，こんなにひどい父を裁判所に訴えることができるでしょうか。

| 親子の間で訴訟
はできない？ |

(1) 子どもが親を訴えたり，親が子どもを訴えるなどということは許されないというのが1世代前の考えかたでした。もし，親子の間での不法行為の損害賠償請求や訴訟を認めると，家庭の平和が保たれない，親が臆病になって子どものしつけの責任を果たせないなどと考えられたのでしょう。アメリカでも多くの州で，親子間の不法行為の損害賠償責任の責任免除の考えかたが認められていました。

(2) 日本でも，「法律は家庭に入らず」「親と子は一心同体だ」などという理由で，親子の間で訴えるとか，損害賠償を請求するなんてとんでもないという意識が強かったせいか，子どもが親を訴えた事件はほとんど見当たりませんでした。夫婦や親子の間で裁判ができないしくみにはなっていませんが，実際には，むずかしかったといえます。

| 親と子どもは別人格 |

(1) しかし，親と子どもは別個独立の人格であり，けっして一心同体ではありません。親が子どもに違法な行為をした場合に原則として不法行為の損害賠償責任が発生しますし，刑事上は犯罪にもなります。親は絶対で，子どもは親のすることに何の法的責任も追及できないというのはあまりにも古い考えかたです。

(2)　たとえば，祖母に預けておいた大切な漫画本など516冊を捨てられた子ども（孫）が，亡くなった祖母の相続人である母親，伯父，伯母の3人を相手に30万円の損害賠償の請求をし認められたケースがあります（新潟簡裁1992・3・4判決）。

　また，家出して子どもの監護養育もしない父親に対して，子どもたちから「肉親と同居して愛情，養育，監護を受けることができず，子どもたちを放置した行為」は不法行為にあたるとして，2人の子どもに50万円ずつの慰謝料を支払うよう命じたケースもあります（大阪高裁1992・1・30判決）。

　あなたたちも，悲しいことでしょうが，お父さんを訴えて責任を自覚してもらう必要があるかもしれません。

One more step

喜多明人・森田明美・広沢明・荒牧重人編『逐条解説　子どもの権利条約』日本評論社，2009

高橋朋子・床谷文雄・棚村政行『民法7　親族・相続〔第6版〕』有斐閣，2020

中川高男『第二の自然——特別養子の光芒』一粒社，1986

高倉正樹『赤ちゃんの値段』講談社，2006

湯沢雍彦編著『要保護児童養子斡旋の国際比較』日本加除出版，2007

津崎哲郎・橋本和明編著『最前線レポート児童虐待はいま』ミネルヴァ書房，2008

飛澤知行編著『一問一答　平成23年民法等改正——児童虐待防止に向けた親権制度の見直し』商事法務，2011

日弁連子どもの権利委員会編『子どもの虐待防止・法的実務マニュアル〔第6版〕』明石書店，2017

棚村政行『子どもと法』日本加除出版，2012

大村敦志ほか『子ども法』有斐閣，2015

日弁連子どもの権利委員会編『子どものいじめ問題ハンドブック』明石書店，2015

Stage

9 ふたたびの出発——離婚

離婚というと「家庭崩壊」とか「人生の失敗」というようなマイナスのイメージがまだつきまとっています。しかし，離婚は，「死んだ結婚からの解放」「人生の再出発」という重要な意味があります。こうしたプラスの面への発想の転換をしてみませんか。

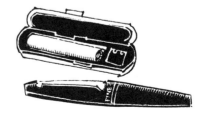

1 愛することができなくなったら

◇ 結婚が一生に1度の大切なセレモニーだとすると，離婚は悪いことなんでしょうか。離婚した女は人生に失敗したのも同然だなんていわれるけど，そういう時代は過去のことじゃありません？

結婚は一生に1度
とは限らない

(1) **変わる結婚観**　これまでは，結婚は一生のうちに1度しかできず，だれと結婚するかで人生のすべてが決まってしまうと考える人がほとんどでした。たしかに，結婚は人生のパートナーを選択する大切な問題ですが，結婚に対する意識や考えかたはだいぶ変わってきたのではないでしょうか。

　最近では，晩婚化，少子化，女性の自立などの影響を受けて，結婚の場でも個人の自己実現や愛情を重視し，失敗したらやり直すべきだという考えかたが広まってきました。

(2) **離婚肯定派の増加**　内閣府大臣官房広報室が2009年に実施した男女共同参画社会に関する世論調査でも，「結婚しても相手に満足できないときは離婚すればよい」に賛成する人が50.1％（「どちらかといえば賛成」も含む）となって，離婚肯定派が半数を超え離婚否定派（44.8％）を抑えました（2007年の調査では賛成46.5％，反対47.5％となっていました）。同じ世論調査で，「結婚は個人の自由であるから，結婚してもしなくてもいい」に賛成する人も70.0％にな

り，結婚や離婚に対する人々の意識が大きく変わりつつあることを示しています。2012年の内閣府の行った家族の法制に関する世論調査でも，原因は問わず一定期間別居していれば離婚を認めてよいとの回答が61.6%，2018年には60.1%となっています。

離婚が不幸な家庭
を作るのではない

(1)　2分29秒ごとに1組の離婚が　　わが国でも1965年あたりから離婚件数が増え，71年には10万件を突破し，2002年にはついに28万9836件と史上最高を記録しました。2010年には25万1378件，2017年は21万2262件となりました。なんと，2分29秒に1組が離婚ということになります。これを欧米諸国と比べてみると，アメリカが2組に1組，ロシア，ドイツ，イギリスがほぼ3組に1組，わが国は3〜4組に1組くらいになり，日本も確実に離婚先進国となりつつあることがわかるでしょう。

(2)　現代の離婚の特色　　それでは現代の離婚はどのような特色をもっているでしょうか。

①　未成年の子どもをもつ夫婦の離婚が増えています。未成年の子どもをもつ夫婦の離婚は2017年には全体の58.1%で，21万3756人の子どもが影響を受けました。そこで，親の離婚に巻き込まれてしまった子どもの保護をどうするかが切実な課題となっています。

②　中高年離婚の増加です。結婚して20年以上もたつ熟年夫婦の離婚は，2003年に全離婚件数の16.7%を占め当時過去最高を記録し，2010年も16.9%，2015年に18.2%，2017年は19.3%となっ

ています。「退職金離婚」「定年離婚」ということばに象徴されるように，これから夫婦として余生を仲良く暮らすはずのカップルが別々の道を歩むことには，さまざまな深刻な問題が伴ってきます。

③　わが国では 2017 年に**協議離婚**が 87.2％ を占め，**審判離婚** 0.4％，**和解離婚** 1.6％，**認諾離婚** 0％，**判決離婚**は 1.0％，**調停離婚**が 9.8％ となっています（これらの離婚方法の説明は 222〜223 頁参照）。離婚の大半を占める協議離婚は，夫婦が私的に話合いをして決めるという簡便なもので，プライバシーの保護に役立つ面もありますが，離婚をめぐる公正で納得ずくの合意が得られているか，子どもの利益が守られているかなど，心配な点も少なくありません。

(3)　**新しい幸福を求めて**　　離婚によってみんなが不幸になるわけではありません。後でみるように，離婚は何か悪いことをした懲らしめや罰のためにされるのではなく，新しい幸せをみつけるために行われるものなのです。子どもたちも，冷たい，愛情のなくなった家庭で，傷つけ合いながら育つより，単親でも，明るい笑顔が戻った暖かい家庭のほうがホッとするでしょう。離婚にはさまざまな問題がありますが，けっして不幸せなことばかりではありません。離婚のマイナス・イメージばかり強調するのはおかしなことです。

愛がなくなったときに離婚ははじまる！

(1)　**離婚の歴史**　　中世ヨーロッパの国々では，キリスト教の影響を受けて結婚は秘蹟（サクラメント）であり，人間の意思で解消することをいっさい許さないという建前をとっていました。これを**婚姻非解消主義**といいます。聖書の説く「神が合わせたものを

人が離してはならない」という教えを忠実に守る立場でした。

　その後，宗教改革や婚姻還俗運動の影響で，結婚や離婚の問題は教会から国家の手に移されることになり，姦通，遺棄，虐待など非行があれば離婚を認めるという**有責主義**の立場が登場しました。有責主義の離婚法は，婚姻上の義務違反や過ちをおかした配偶者を罰し，何ら落ち度のない配偶者にごほうびとして離婚を認めるものでした。

　(2)　**破綻主義へ**　　有責主義の離婚法は，離婚をできるだけ制限することで結婚や家族の安定をはかろうと考えていました。しかし，どんなに法的な離婚を制限してみても，結婚は不完全な人間どうしの結びつきですから性格が合わないとか，愛情や信頼がなくなってしまうという不幸な事態は避けることができません。そこで，当事者の有責無責を問わず，愛情や信頼が失われて結婚生活の目的を達成できないくらいになってしまったときは，むしろ離婚を認めていこうとする考えかたが生まれました。これを**破綻主義，無責主義**の離婚法といいます。

　歴史的には，離婚法は有責主義から破綻主義へという大きな流れを示してきました。したがって，破綻主義の離婚法のもとでは，夫婦のどちらが悪いか非難をするのではなく，結婚生活が回復する見込みがないまでに破綻し，元に戻らない状態であるかどうかが法的に重要だということになります。

　(3)　**冷え切った結婚生活の埋葬手続**　　このようにみると，離婚は，失敗に終わってしまった結婚生活から夫婦を解放して再出発を保障する制度だといえます。破綻主義の離婚法のもとでは，離婚は

悪いことでも非難されることでもなく，形骸化した結婚生活の埋葬手続といえるでしょう。

　しかし，この場合あくまでも，離婚後のアフター・ケアが重要な問題になっていることを忘れてはなりません。つまり，離婚というのは夫婦に愛がなくなったときにはじまる手続だといってもよいのです。

2 「離婚する」って勇気がいる？

◇　姉は結婚して10年になる専業主婦，2年前から義兄が他に女性をつくり家出。なんとか生活費だけは送金してきていたのですが，先日，離婚届にハンを押すようにいってきたんですって。小学生2人の子どもを抱え，パートで働いている姉が心配です。

| 離婚の方法 |

　離婚をするには，①協議離婚，②調停離婚，③審判離婚，④和解離婚，⑤認諾離婚，⑥判決離婚（裁判離婚）の6つの方法があります。

　(1)　**協議離婚**　　夫婦の間で離婚について話合いをし，合意のうえで離婚届を作成して，それを役所に提出するという離婚の方法です（民法763条）。協議離婚はもっとも簡単で手間ひまもかからないのですが，「追い出し離婚」を認めることになったり，合意内容の公正さが保たれないというマイナス面もあります。そのために，離婚不受理申出制度が用意されており，離婚届を一方的に出されそうな人は「**不受理申出**」をしておくと，離婚届は受理されることはあ

りません（戸籍法27条の2第3項）。

　(2)　**調停離婚**　　当事者で話合いができないときに家庭裁判所の調停委員会が間に入って，合意形成を手助けする制度です（家事事件手続法247条）。調停は，裁判官と男女各1名ずつの調停委員が当事者の言い分と紛争の実情を聴いて，円満な解決のために調整作業をする場です。離婚するかしないかだけでなく，親権者の決定，財産分与・慰謝料，子どもの養育費，面会交流などについても取り決めることが可能です。

　(3)　**審判離婚**　　夫婦で離婚の合意はできているのに家財道具の配分とかわずかな慰謝料額の食違いで調停が成立しないときに，家庭裁判所が職権で離婚の審判をする方法です（家事事件手続法284条，調停に代わる審判）。2017年には772件と多く活用されています。

　(4)　**和解離婚**　　離婚訴訟で和解すれば離婚が認められます（人事訴訟法37条1項）。

　(5)　**認諾離婚**　　離婚訴訟で請求を相手方が認め，調書に記載されると認諾での離婚が認められます（人事訴訟法37条1項）。

　(6)　**判決離婚（裁判離婚）**　　①②③④⑤の方法でも離婚が成立しない場合に，裁判所で離婚を認めるだけの理由があると判決してもらって離婚する方法です（民法770条）。

こんな理由で
離婚ができる

離婚できる理由のことを離婚原因といいますが，民法では，①不貞行為，②悪意の遺棄，③3年以上の生死不明，④回復の見込みのない強度の精神病，⑤その他婚姻を継続し難い重大な理由をあげ

ています（民法770条1項1号〜5号）。

(1) **不貞行為**　第三者と性的関係を結んだ場合には，この離婚原因にあたります。

(2) **悪意の遺棄**　正当な理由もなく，夫婦としての同居協力扶助義務を継続的に怠ることです。したがって，仕事の都合で単身赴任をしたり，病気療養のために別居することは悪意の遺棄とはいえません。

(3) **3年以上の生死不明**　夫婦の一方が家出をしたり蒸発してしまって消息不明のときに，他方に離婚を認める制度です。

(4) **回復の見込みのない強度の精神病**　重い精神病で，治療や療養をしても軽快する見通しがたたないような場合をさしています。ただし，1996年2月に提案された民法改正要綱では，精神病の人の差別を助長するとして，この理由は削除の提案がなされています。

(5) **その他婚姻を継続し難い重大な理由**　暴力，虐待，侮辱，性的異常，犯罪行為などの信頼や愛情を揺るがすような客観的事情があって，夫婦関係が失われその回復の見込みがない場合であることといってよいでしょう。アルツハイマー型認知症などでも離婚が認められたことがあります。

悪いのは相手なのに離婚だなんて

(1) **長い間，有責離婚は認められなかった**
戦後の改正で生まれ変わった民法は，結婚生活が破綻したら離婚を認める破綻主義の立場をとりました。しかし，最高裁は，他に女性関係をもつなどして結婚の破綻に責任がある配偶者（有責配偶者）は，相手方に対し

て離婚の請求をすることは許されないという立場を明らかにしました（最高裁1952・2・19判決等）。もし、このような有責な配偶者からの離婚請求を認めると妻は「踏んだり蹴ったり」で、追い出し離婚を認めることになるからだというわけです。

学説も当時、自ら結婚生活を壊しておいて虫がよすぎるとか、不公平だ、落ち度のない配偶者を保護すべきだという意見が圧倒的でした。

(2)　**画期的な最高裁判決**　しかし、夫婦の愛情や信頼が失われて長くたつのに、形式的に結婚を続けさせてみても愛情や信頼が復活することはありえません。また、どちらに責任があるかの判断は、夫婦という相互的人間関係のこじれですから、微妙なことが少なくありません。とくに、訴訟での夫婦の泥仕合は、お互いのプライバシーをさらけ出し、非難や中傷合戦に終わって、子どもとの関係さえ傷つけてしまいます。

そこで、最高裁は、有責な配偶者からの離婚請求であっても、①夫婦の別居が相当長期間に及び、②未成熟の子どもがなく、③離婚により精神的・社会的・経済的に苛酷な状態におかれることがないときには、離婚が認められると大きく転回しました（最高裁大法廷1987・9・2判決）。

(3)　**進む破綻主義**　最近では、①の長期別居について、約8年くらいでも認め（最高裁1990・11・8判決。なお、東京高裁2002・6・26判決は、別居期間が6年の場合にも認めている）、②③に関しても、未成熟の子どもがいても高校卒業間近で、離婚に伴う経済的給付の実現が期待できるような場合に有責配偶者からの離婚請求を認めてい

ます（最高裁 1994・2・8 判決）。ただし，2 年 4 カ月の別居で，7 歳の子がおり，健康上の理由で妻が就労困難の場合，離婚請求は認められませんでした（最高裁 2004・11・18 判決）。

1996 年の民法改正要綱でも，回復の見込みのない婚姻破綻・5 年別居で離婚を認めるなど破綻主義の傾向が進んでいますが，ここで大きな問題となるのは離婚後予想される経済問題などへの手当てです。離婚が配偶者または子に生活の困難や耐え難い苦痛をもたらしたり，一方的に家を出て生活費も支払わない者からの離婚請求は認めないなど，一定の歯止めが考えられています。これを苛酷条項，信義則条項といい，裁判所による裁量棄却を認めようとするものです。

3 2 人で築いたものはどう分ける？

◇ 姉は，共稼ぎで結婚して 10 年間になりますが，夫との関係がギクシャクして離婚することに決めました。しかし，土地建物にはローンが残っているし，わずかな預金とゴルフ会員権くらいしか財産はないとのこと。それもすべて夫の単独名義。離婚のときに，夫名義の財産を分けてもらえるのですか。

離婚は夫婦財政の総決算！

(1) **財産分与** 離婚によって夫婦は他人に戻り，それぞれが別々の道を歩むことになりますが，経済力や所得能力の少ない配偶者は，経済的には厳しい状況に追い込まれる可能性もあります。

また，専業主婦として家事や育児を担当してきた妻は，民法の別産制（自分で稼いだ財産のみが自分の個人財産となる建前）のもとで，内助の功がなかなか金銭的に評価されません。そこで，民法は，夫婦がそれまで協力して築きあげてきた実質的な**夫婦共同財産**を公平に清算し，生活に困る配偶者の生計を援助するために，1947年から「離婚の際の財産分与」という制度をおきました（民法768条）。

(2) **慰謝料**　離婚の際の財産分与に，離婚に伴う慰謝料が含まれるかでは若干争いもありました。とくに，離婚慰謝料というものが，離婚そのものによる不利益を償うお金なのか，離婚の原因となる不貞行為・暴力などの賠償なのか，はっきりしない部分があるからです。

しかし，現在では，性質上，慰謝料は不法行為の損害賠償として財産分与とは区別されていますが，便宜的に財産分与にこれを含めて同時に解決することは許されるとしています（最高裁1971・7・23判決）。

(3) **離婚給付**　離婚によって渡される金銭や財産を「**離婚給付**」と呼ぶこともあります。離婚によって，名義のいかんを問わず，夫婦の経済関係は総決算を迫られ，夫婦それぞれにとって，新しい出発のための経済的基礎が確立されなければなりません。その意味で，財産分与制度は離婚する夫婦にとって非常に重要な制度といえます。

財産分与額・慰謝料額の実際　　1998年に全国の家庭裁判所で成立した離婚に伴う財産分与・慰謝料の平均額は380万円で，2017年には100万円以下が25.0

表 9-1

結婚期間（年）	財産分与・慰謝料（平均）
1 年〜 5 年未満	200 万円
5 年〜10 年未満	304 万円
10 年〜15 年未満	438 万円
15 年〜20 年未満	535 万円
20 年以上	699 万円

(1998 年)

％，200 万円以下 12.2％，400 万円以下 11.9％，600 万円以下 7.6％，1000 万円以下 10.1％，2000 万円以下 7.7％，2000 万円を超えるものは 3.7％ でした（『司法統計年報 3 家事編 平成 29 年』）。表 9-1 のように結婚年数が上がれば分与額も上がってくる傾向にあります。

あなたのお姉さんの場合も，10 年の結婚期間ですから，築かれた資産額によりますが，家庭裁判所での平均ですと 200 万〜400 万円くらいといえます。しかし，最終的には，夫婦の個別的事情をいろいろ考えて，具体的な金額が算出されることになります。

清算のための財産分与って？

(1) **分与の対象となる財産**　　財産分与の中心は，夫婦の協力で維持形成された実質的な共同財産を，名義にとらわれずに公平に清算することにあります。したがって，対象となる財産は，結婚中に夫婦の「協力によって得た財産」（民法 768 条 3 項）ということで，結婚前からの財産，結婚中でも相続や贈与によって得た財産は個人財産（**特有財産**）として除外されることになります。

具体的には，夫婦の住まいとして購入された土地・建物，自動車，株式・有価証券，預貯金などが問題になってきます。土地・建物については，全額支払済みであれば，その評価額に財産形成へ寄与し

た割合をかけて金額を出しますが，ローンが残っているケースでは，土地・建物の時価からローンの残っている債務の額を差し引いて，寄与貢献の割合をかけるのが普通のやりかたです。

(2) **実際には**　たとえば，土地・建物の時価評価額が5000万円で，残っている債務が2000万円あるとすれば，この土地・建物の価値は3000万円となり，あなたのお姉さんの共稼ぎによる収入や頭金の支払への協力，家事育児の分を考慮して寄与割合を50％とみると，1500万円を分与してもらえることになるでしょう。

自動車，株式，預貯金，ゴルフ会員権など夫名義でも実質的な夫婦共同財産であれば，同様に分割の対象となります（東京地裁1992・8・26判決）。あなたのお姉さんの場合，ゴルフ会員権や預金が2人の協力で形成された実質共同財産ならば，やはり半分を分けてもらうことになるでしょう。

(3) **退職金，年金は**　高齢社会では，退職金や年金も財産分与の対象として考えられなければなりません。すでに支払われた退職金は，財産形成の寄与割合をかけて分割されますが，将来，確実に取得する退職金や年金についても計算方法を工夫して公平な分配がはかられるべきでしょう（横浜地裁1997・1・22判決，横浜家裁2001・12・26審判参照）。2004年の年金制度の改正により，2007年4月以降に離婚すると，合意や調停により年金の分割が受けられるようになりました。実際の年金分割の割合は2分の1が圧倒的です。

清算の基準としては，結婚の期間，当事者の年齢，心身の状況，職業，収入，財産形成への寄与の程度などを考慮しますが，1996年の民法改正要綱が提案するように，寄与割合が明らかでないとき

は，原則 2 分の 1 と考えてよいのではないでしょうか。

　なお，2008 年 4 月以降は，厚生年金等について被扶養配偶者（国民年金法上の 3 号被保険者）は 2 分の 1 の割合で年金分割を請求できることになりました。

> **生活保障のために
> きちんと分けよう**

(1)　専業主婦であるとか，乳幼児を抱えた女性は離婚後就職口を得て自活することがむずかしくなります。また，高齢であったり健康状態の悪い人も，財産をもっていなければ経済的に厳しい状態におかれるでしょう。そのため，離婚後も，相当な期間，経済力のある一方から他方に生活保障的な意味での経済的援助がなされなければなりません。

(2)　最近増えている中高年離婚では，ますます生活保障的財産分与が重要なものとなってきます。たとえば，実際の裁判例でも，75 歳の妻に対し，離婚により婚姻費用の分担を受けられず，相続権も失う代償として，10 年分 1200 万円の扶養的財産分与を命じたケースがあります（東京高裁 1988・6・7 判決。なお，仙台地裁 2001・3・22 判決，横浜家裁 2001・12・26 審判参照）。

4 「子どもの幸せ」って，なあに

◇　兄夫婦が離婚の話合いをしているのですが，3 歳の男の子をどち

らが引き取るかでもめています。もし，話合いがつかないと，どう
なるのでしょうか。

子どもの争奪戦
はなぜ起こる！

(1)　離婚すると親権は一方の親に　　結婚
している間は，父母が共同で子どもの親権
をもちますが（民法818条3項），離婚後は
まず話合いでどちらか一方を親権者と決めなければなりません（同
819条1項）。これを離婚後の単独親権の原則といいますが，父母が
別々に暮らす以上，子どもについてもどちらか一方に親権者として
責任をもたせようとしたものです。離婚届を提出するときに，未成
年の子どもの親権者をいずれかに決めないと，役所では届出を受け
付けてくれません。

(2)　離婚後の父母の協力　　しかし，子どもの数が少なくなって，
夫婦だけでなく周りのおとなにとっても，子どもは「かけがえのな
い存在」となっているのが普通です。父親としても子どもに愛情を
もち，子育てにも積極的に関与している人も増えてきました。この
ような少子化の時代に，離婚後の単独親権の原則は，子どもをどち
らが育てるか決めなければならず，父母は子どもと引き離される不
安を感じることになりがちです。子どもの争奪戦は夫婦の争いを子
どもに持ち込んで起こることもありますが，「子どもの幸せ」のた
めになんとか父母が協力できないものでしょうか。子どもの権利条
約でも，離婚後の共同養育責任を明記しており，日本でも，DV・ス
トーカー対策をするとともに，離婚後の共同監護・共同親権の法改
正が必要になってくるでしょう。

親権と子育て
は分けられる

(1) **親権，監護権の決定**　父母の間で話合いがつかないときは，家庭裁判所の調停・審判で親権者の決定をしてもらうほかありません（民法819条5項）。裁判離婚でも，裁判所は**子どもの福祉・子どもの利益**の立場から父母の一方を親権者に指定することになります（同条2項，人事訴訟法32条3項）。また，このような親権者の決定とは別に，父母の間で，子どもの身の回りの世話や子育てを担当する**監護者**を定めることもできます（民法766条1項）。

(2) **子どもの幸せを第1に**　どちらが親権者や監護者となるかは，子どもの福祉や利益のためにどちらがよいかで決まります。しかし，具体的には，父母の側の事情として，子育ての能力（親族の援助や監護補助者も含む），これまでの子育ての実績，子どもへの愛情，経済力，子どもと接する時間，保育環境，親としての適格性，子どもとの情緒的結びつきなど，そして子どもの事情としては，年齢，性別，心身の状況，養育環境への適応，子ども自身の意向などが総合的に判断されて決定されています。最近，年100回の面会交流と共同養育の提案（フレンドリー・ペアレント＝友好的親）をする父親を親権者に指定した一審判決（千葉家裁松戸支部2016・3・29判決）につき，東京高裁は，親権者決定で，面会交流のみを重視すべきでないとして，監護実績や子の意向から一審を覆して，母親を指定しました（東京高裁2017・1・26判決）。

裁判所では「小さい子どもについては母親に」という，母親の手による養育を重視する傾向がみられます。しかし，母親であることを過大に評価せず，子どもが幸せであるような成育環境を総合的に

考えるべきではないでしょうか。

> ◇ 姉が離婚。1人息子の親権者は元・夫に。これから姉は子どもに
> 会ったり，連絡をとったりすることもできないのでしょうか。

面会交流は子ども
の幸福のために

(1) **子どもと会う権利**　離婚によって親権者とならなかった親も，直接子どもと会ったり，文通をしたり電話をかけたり，また，学校の休みのときに一緒に旅行に出かけるなどして，定期的に交流をはかることが認められます。欧米の諸国では，こうした**面会交流権**に関する明文の規定をおいていますが，わが国では規定がなかったため，いろいろと議論がありました。離婚後親権者とならなかった実母が5歳の男の子の面会交流を求めたケースで，東京家庭裁判所は，「親権もしくは監護権を有しない親は，未成熟子と面接ないし交渉する権利を有し，この権利は，未成熟子の福祉を害することがない限り，制限されまたは奪われることはない」と説いて，はじめて面会交流権を認めました（東京家裁 1964・12・14 審判）。

学説の中には，子どもを育てている親のほうの反対にもかかわらず，面会交流を命ずることは，子の精神的ストレスを引き起こし，心身の安定に有害であるとする否定的な立場もあります。

(2) **子ども側の権利**　子どもにとって，離婚後も父母その他の家族との接触や交流を続けることが望ましく，人間関係や愛情，相互的交流が親の離婚で完全に切断されることは好ましくありません。離婚のときに親権者とならなかった親も，まったくの無権利者では

なく，親権者に子育てができない事情が発生すれば，父（母）として子どもの養育を引き継ぐ可能性は大です。そのため，親として最低限度の接触や交流は続けるべきでしょう。このような面会交流権を親として当然の権利だとみる見方と，親との交流をとおして成長発達するのに必要な子ども自身の権利とみる立場があります。

裁判所では，子どもの監護に関する処分として，家庭裁判所が後見的に具体的方法，場所，回数などを子どもの福祉という観点から定められると肯定しています（最高裁1984・7・6決定，最高裁2000・5・1決定）。2011年6月の民法の一部改正により，面会交流についての明文の規定が入りました。

(3) 欧米では祖父母にまで面会交流権を認めているところもあり，離婚によって，子どものもっていた人間関係や愛情のつながりが切れるのではなく，子どもの利益になるのであれば，継続させていこうという配慮があるようです。ですから，あなたのお姉さんの場合も，面会交流は親としての子どもに対する最低限の義務のような感じさえします。

現在，離婚後の面会交流を積極的に認め，子どもの利益を中心に考えることを規定する方向で親子に関する民法の改正が望まれています。「親子断絶防止法（共同養育支援法）案」という親子の継続的関係の維持を目的とする議員立法も提案されていますが，国や社会が子どもの養育を総合的に支援する基本法を制定すべきでしょう。

Column ⑮　子どもの奪い合い

　家庭裁判所での子どもの監護に関する処分事件は，2017年には4万4444件にまで増えて，2005年の1.7倍以上となり，親権者の指定

変更事件は 2015 年には 8753 件，2017 年は 8001 件となっています。また，人身保護請求事件も，2017 年に地方裁判所で 109 件が受理されていますが，そのうちの大半が子どもの奪い合いに関するものでした。子どもの奪い合いが増えてきた背景には，未成年の子どもをもつ夫婦の離婚が増えてきたこと，出生率が低下し，子どもが「かけがえのない存在」となっていること，子どもをどちらが引き取るかのルールが多様化してきたこと，現行法が離婚後の単独親権の原則をとり，離婚後は父母の一方を親権者と定めなければならないなどの事情があります。

　実力で子どもを奪取する事態になってしまった場合，親権者である親は子どもを連れ去った非親権者である相手方に対して親権にもとづいて子どもの引渡請求をすることができますし，子どもの釈放を求めて簡易迅速かつ強力な人身保護請求を求めることも可能です。

　しかし，通常の裁判所での審理よりも子どもの監護に関する処分事件として，家庭裁判所に子どもの引渡しを求める方法がよいでしょう。つまり，家庭裁判所は，人間関係の調整と法的判断とを兼ね備えた家庭紛争の専門的処理機構であり，家庭裁判所調査官という子どもの問題のエキスパートをそろえているからです。したがって，緊急を要するときは，審判前の仮の処分として子どもの引渡しを請求することもできるのです。子どもの奪い合いの解決基準は，どちらと暮らすのが「子どもの幸せ」になるかですが，双方の子どもへの愛情，監護養育能力・経済力，居住環境や子どもの意向，情緒の安定などの諸事情を検討して，慎重に判断することになります。

　国境を越えた子の連れ去り事件も増えてきており 2014 年に，日本でも国際的な子どもの連れ去りの民事面に関する条約（ハーグ条約）に加盟しました。ハーグ条約は，国境を越えた子どもの不当な連れ去りがあった場合に子を元の居住国に迅速に返還することを目的とする

ものです。欧米諸国を中心に世界で 100 ヵ国（2019 年 5 月現在）が加盟しており，この条約は子の迅速な返還のための国際的な民事司法協力を促進しようとするものです。

　なお，2019 年 5 月には，国内の子の引渡しの強制執行のルールを定める民事執行法の改正が成立するとともに，国際的な子どもの連れ去りに関するハーグ条約実施法も改正され，子と同居する親が一緒でなくても引渡しの強制執行ができ，子どもの心身への配慮も明記されました。

One more step

離婚制度研究会編『子どものための離婚講座』有斐閣，1992
棚村政行『結婚の法律学〔第 2 版〕』有斐閣，2006
梶村太市・棚村政行編『夫婦の法律相談〔第 2 版〕』有斐閣，2010
泉久雄編『離婚の法律紛争——再出発のためのアドバイス〔新版補訂版〕』有斐閣，2001
離婚問題研究グループ編『Ｑ＆Ａ離婚トラブル 110 番〔第 3 版〕』民事法研究会，2007
秋武憲一『離婚調停〔第 3 版〕』日本加除出版，2018
秋武憲一・岡健太郎編著『離婚調停・離婚訴訟〔改訂版〕』青林書院，2013
二宮周平・榊原富士子『離婚判例ガイド〔第 3 版〕』有斐閣，2015
棚村政行編著『面会交流と養育費の実務と展望〔第 2 版〕』日本加除出版，2017
片岡武・萱間友道・馬場絵理子『実践調停 面会交流』日本加除出版，2018

親の介護はだれが？

両親が寝たきりや認知症の老人になったらどうしますか。「老人ホームに入れるわ」なんて安直に考えていたらとんでもない。そう簡単には入所できません。また，「自分が面倒をみるわ」といっても，在宅介護の実情を知ったらしりごみしてしまうはずです。それでは，高齢者の介護制度は現在どのようになっているのでしょうか。

1 介護責任を女性に押しつけないで

◇ 最近，母は私に「お父さんが死んだら面倒みてくれる？」と冗談
めかしてよく聞きますが，「あたりまえじゃない」と笑って答えて
います。でもよく考えると，母が先に亡くなってボケた父だけが残
されたら……ちょっと心配になってきました。

他人の嫁より自分
の娘というけれど

もともと日本では，旧来の家制度の伝統に
従って，老いた両親は長男（実際にはその
嫁）が面倒をみると同時に，遺産も相続す
るというのがあたりまえでした。しかし，最近の**核家族化**や**少子化**
の進行とともに，こうした伝統が崩れつつあります。長男といって
もサラリーマンの場合には，仕事の関係上，親との同居どころかそ
の近くに住むことすらもむずかしくなっていますし，嫁としゅう
と・しゅうとめとの問題を避けるために長男よりも娘と同居するこ
とを望む親も増えています。

また，健康が悪化するなどして介護を必要とする状態になったと
きに，できるなら他人の嫁よりも自分の娘に面倒をみてもらいたい
と思うのも人情かと思います。最近，「子どもを1人産むなら女の
子のほうがいい」と思う若い親が増えてますが，こうした事情を反
映しているのかもしれません。しかし，これはあくまでも世間一般
の話であって，法律上，親の面倒をみるのは娘（女性）の責任とさ
れているわけではありません。

法律上の扶養（生活保障）には，**公的扶養**（生活保護法などによる国家的生活保障）と**私的扶養**（親族間の生活保障）の2つがあります。ここで問題となっている私的扶養，とくに老親に対する子の扶養義務（**生活扶助義務**）については民法が定めています。

(1)　**扶養義務の発生と程度**　　まず前提として，子はいついかなるときでも老親を扶養する義務を負うわけではありません。民法上の扶養義務は，**扶養の必要状態**と**可能状態**があるときにはじめて発生します。たとえば親が健康で経済的に余裕のある場合には子は扶養する義務がありませんし，親が扶養を必要とする状態になっても，子に経済的余力がないなど扶養する能力がない場合には扶養義務は発生しません。

また，扶養義務がある場合でも，必ずしも**引取り扶養**が義務づけられるわけではありません。後述するように老親を老人ホームなどの公的施設に入所させて，**金銭扶養**（経済的援助）をすることも可能です。たとえ老親が寝たきりになっても，家族が家庭に引き取り，在宅介護をすることが法的に義務づけられるわけではないのです。

(2)　**扶養義務者の範囲**　　民法は「直系血族及び兄弟姉妹は，互いに扶養をする義務がある」（877条1項）と**扶養義務者の範囲**を定めています。これによると，両親を扶養する義務は，あなた（子）のような直系血族（祖父母や孫も含む）はもちろんのこと，親の兄弟姉妹にあたるおじさんやおばさんもこれを負います。なお，特別の事情がある場合には，親の3親等内の親族も家庭裁判所の審判によって扶養義務を負わされることがありますが（同条2項），実際には

ほとんどありません。

　(3)　**扶養義務者の順位**　　このように親の扶養義務といっても，あなただけでなく複数の人がこれを負っています。でも，実際にはこのうちの「まずはだれが」親の面倒をみるか，ということが重要な問題となります。両親とも健在で独立した家計を営んでいるうちはともかく，それができなくなったときにまずは子のうちのだれが親を扶養するかをめぐって，えてして責任のなすりつけ合いがはじまるわけです。

　この点について，民法は原則として**当事者間の協議**にまかせています（878条）。しかし，遺産相続の問題がからんだりして，どうしても話合いのつかない場合がありますから，そうしたときには家庭裁判所が決定します（同条）。

　この扶養義務者の順位の決定について，民法は明確な判断基準を定めていませんが，家庭裁判所は，親の要扶養状態と子の経済状態（扶養能力）のほか，要扶養者である親本人の希望，子と親の日常的な親しさの度合い，子の遺産相続の状況など，さまざまな事情を考慮して総合的に決定します。したがって，たとえば経済的余裕があるからといってその子が当然に親を扶養する義務を負うわけではなく，親が同居を望んだ子が扶養し，経済力に応じて扶養料を他の子が負担するということも行われます。

　また，いったん話合いによって兄が親を引き取ったが，親が兄の配偶者とどうしても折合いがつかず，兄の家を飛び出して妹の家で世話になるというような話もよく聞きます。こうした場合には妹が兄に代わって親を扶養することになりますから，妹は兄に対して一

定の扶養料を請求することができます（最高裁1951・2・13判決）。いずれにしても，当事者間の話合いで解決するのがベターですから，もしもの場合に備えて普段から両親を含めて話し合っておくことが大切です。

2 家族に負担のかかる介護制度

◇ 母は，同居の祖父が寝たきりになってから3年ほど面倒をみています。でも，毎日休みなしに食事や下の世話をしている母の姿を見ているとかわいそうになってきます。どこかの施設にあずけることができないのかな。このままだと母のほうが倒れてしまいそう。

過酷な在宅介護

前述したように，民法上の扶養義務は必ずしも親族の引取り扶養を義務づけていません。親を老人ホームなどの公的扶養施設などに入所させて経済的に援助することも可能です。実際，最近では子どもにあまり面倒をかけたくないと，親自らの意思で老人ホームに入所する例も増えています。しかし，日本では老人ホームというと「うば捨て山」のようなイメージが強いのか，老親が寝たきりや認知症になったときでも，家族が引き取って**在宅介護**する例が少なくありません。事実，高齢者の多くは在宅介護を望んでいますし，子のほうも親を家族の一員として引き取り，家庭で介護することを望む傾向にあります（ただし，若い世代では必ずしも在宅介護すべきとは思わないとする割合が増えています）。

しかし，実際に寝たきりや認知症になった老人を在宅介護したときに，家族にかかる物的・精神的負担には想像を絶するものがあります。どれほど愛情が深くても，四六時中，身を粉にしてあれこれと身の回りの世話をする中ですっかり疲れはててしまい，ついには親が一刻も早く死んでくれることを願ったとしても，だれも責めることはできないはずです。最近，老親の世話の放棄や身体的・心理的虐待といった**高齢者の人権侵害**が社会問題となっていますが，その多くはこうした介護労働の疲れが一因になっています。高齢者の介護を家族だけに押しつけるのはすでに限界に達しているといわなければなりません。

追いつかない介護
システムの整備

それでは，こうした在宅介護を支援する，あるいはそれに代わる公的介護システムは，現在どの程度整備されているのでしょうか。まず在宅介護サービスとしては，**表10-1**にあるような4つの在宅福祉サービスが実施されています。

　そのほかに医療制度としては，**訪問看護事業**が実施されており，医師の指示書にもとづき訪問看護ステーションから保健師，看護師などが派遣されて，在宅要介護者のケアに従事しています。

　こうした在宅介護を支援するシステムが整備されますと，たしかに介護に従事している家族の人たちにとっては力強い味方となります。**ホームヘルパー**が応援に来てくれたり，介護者が病気になったときに要介護者を1週間程度あずかってくれるだけでも大きな助けになります。しかし，実際にはこうした在宅福祉サービスは，ホー

表 10-1　在宅福祉サービスの種類

ホームヘルプサービス	ホームヘルパーが日常生活に支障のある高齢者のいる家庭を訪問して，介護・家事サービスを提供する制度
ショートステイ	介護者が疾病等で介護できなくなったときに，代わって寝たきり老人などを特別養護老人ホームなどで短期間あずかる制度
デイサービス	送迎用バスなどでデイサービスセンターに通う高齢者に入浴，食事，健康チェック，日常動作の訓練などのサービスを提供する制度
在宅介護支援センター	身近なところで専門家による介護の相談・指導や必要なサービスが受けられるようにするもの

ムヘルパーなどの介護労働力が絶対的に不足するなど，増大するニーズになかなか追いつけない状況にあります。

　また，たとえ十分に整備されたとしても，要介護者の病気の状態や家庭の事情などによりどうしても在宅介護ができない場合がありますから，在宅介護に代わる老人ホームなどの公的施設の提供が不可欠です。それでは，こうした公的介護施設は十分に整備されているのでしょうか。

なかなか入れない老人ホーム

現在，老人福祉法にもとづく主な入所型ケア施設としては，表 10-2（次頁）に掲げる3つのものが設置されています。また，これ以外にも介護保険法にもとづき，リハビリや医療ケアなど家庭復帰を目的とした比較的短期の入所サービスを行う施設として介護老人保健施設なども設置されています。

　しかし，こうした公的施設にだれでもすぐに入所できるわけではありません。とくに寝たきり老人や認知症老人を受け入れる特別養

表 10-2　公的老人ホーム

特別養護老人ホーム	著しい障害があるために常時介護が必要で，家庭での生活が困難な高齢者のための施設
養護老人ホーム	心身機能の減退などのために日常生活に支障があるまたは住宅に困っているなどの経済的理由で居宅で養護を受けることが困難な高齢者のための施設
軽費老人ホーム	低所得者に属する高齢者で，家庭環境，住宅事情などの理由により居宅で生活することが困難な高齢者のための施設。従来はＡ型（給食サービス付き）とＢ型（自炊が原則）があったが，最近はケアハウス（介護や支援が必要となったら，居宅サービスを利用できるもの）という新しい方式も追加されている

護老人ホームの場合には，施設数が絶対的に不足しています。また，運よく入所できても，大部屋雑居が多く，常勤医師や常夜勤の看護師が配備されているところはまだ少数です。加えて厳しい労働条件のために介護職員のなり手が少なく，介護職員の定員不足が深刻化しています。今後拡充すべき高齢者福祉サービスのうちで，もっとも希望の多いのが**特別養護老人ホーム**ですから，こうした公的施設の整備・改善を早急に進めることが要請されます。

豪華だけど気をつけて！　有料老人ホーム

公的施設としての老人ホームがこのような現状にある以上，少しでも経済的に余裕のある高齢者（またはその家族）が民間の**有料老人ホーム**に入所し（させ）たがるのは当然のことです。正面玄関を入ると大きな吹抜けがあり，その向こうには滝が流れ落ちている。広いロビーにはふかふかのじゅうたんが敷きつめられ，その上にはまばゆいシャンデリアの明かりが……というような豪華ホテル並の

施設を備えた有料老人ホームやケア付きマンションが続々と建てられています。そのうえ、「認知症・寝たきり老人OK, 医師・看護師常駐, 終身介護」ときたら, 少々金銭的に無理をしてでも入所したくなりますね。実際, ここまで豪華でなくとも, 高齢者が終生の地として安心して暮らせるような有料老人ホームは着実に増えています。

とはいっても, 有料老人ホームのすべてがこうしたうたい文句どおりに介護施設やサービスを十分に整えているわけではありません。せっかく, 高い入居費用を支払って入所したのに, 実際に入ってみると話がまったく違う。たとえば, 医師が常駐といっていたのに実際には週に1日, 2日しか診療所が開いていない。認知症・寝たきり老人終身介護のはずが, 実際に大病にかかって寝たきりになったら, ホームでは十分に面倒をみきれないからといって退所を迫られる。あるいは入居者が少ないといって, 管理費と介護費の値上げを一方的に通告される。もうがまんがならないと退所しようとしたら, たった1カ月しかいなかったのに入居金の20%以上もカットされる……こんなひどい話は少なくありません。

実際, このような有料老人ホームをめぐるトラブルが増えています。行政のほうもこうした事態が多発するに及んで, 遅まきながら, 有料老人ホームを従来の「事後届出制」から「事前届出規制」に変えて「30年間の事業収支計画書の提出」を義務づけるなど, 規制を若干強化しています。しかし, 基本的には民間の参入が自由とされているフリーマーケットですから, 入所する側が事前にきちんとチェックしておかないと後々とりかえしのつかないことになります。

こうしてみると，介護体制が十分に整った老人ホームに入所する（させる）のは，実際にはかなりむずかしいのです。

　日本において高齢者の介護形態として**在宅介護**が一般的となっているのは，なにも高齢者本人やその家族がそうした介護形態を望んでいるからだけではありません。実はこのように社会的介護システムが十分に整えられていないことがその背景にあります。在宅介護に頼らざるをえない社会的介護システムの貧しさ。これが日本の介護制度の実情にほかなりません。

3 介護のために休む

◇ 母はずっと勤めていましたが，同居していた祖父が寝たきりになったので会社をやめて家で介護することになりました。私もできる限り手伝うようにしてますが，父は仕事優先で母にまかせっきり。女性に老親の介護を押しつけるのはずるい！

親の介護に冷たい会社

前述したように日本では老親が要介護状態になったときには在宅介護するのが一般的です。ところが，そうした介護労働の多くは，実際には妻，娘，嫁などの女性が担っています。専業主婦の場合はもちろんのこと，夫婦共稼ぎの場合でも，女性のほうが会社をやめて介護労働に従事することがあたかも当然のこととされているのです。しかし，親の介護が必要となったときに，どうして女性のほうが会社をやめなければならないのか，また専業主婦の場合でもどうして女性ばかりに介

護労働が押しつけられるのでしょうか。

　こうした不公平な結果を生む原因の1つは，働き続けながら介護を行うことのできる介護休業制度が十分に整えられていないことにあります。もし，介護休業制度が社会システムとして十分に整備されているなら，夫婦共稼ぎの場合でも，どちらか一方が会社をやめる必要はありませんし，また女性にばかり親の介護を押しつけないで，男性も会社を休んで介護できるはずです。

　ところが，現実の社会はそうなっていません。介護休業制度を設けている企業は非常に少なく，その結果，労働者（その多くは女性）の多くが介護のために会社をやめざるをえない状態となっていました。

　　　　　　　　　　　　介護休業制度に関する社会的要請が高まる
ようやくつくら　　　中で，1995年にようやく介護休業法がつ
れた介護休業法　　　くられ，99年4月からは「育児休業，介護
休業等育児又は家族介護を行う労働者の福祉に関する法律」（以下，育児・介護休業法）となりました。その後，何度か改正されて現在にいたっています。

　育児休業の場合と同様に，使用者に対して介護休業を請求できるのは男女を問いません。パートなどの有期契約で働いている場合でも，雇用期間が1年以上で，介護休業を開始してから93日を超えて6カ月を経過するまでの間に労働契約が満了しない場合には，介護休業を請求することができます（育児・介護休業法11条）。また，介護できる人が他にいる場合でも（たとえば，妻），労働者本人（夫）

も介護休業を請求することができます。もっぱら特定の人に介護を押しつけることのないように配慮したものです。したがって，たとえば夫婦共稼ぎの場合に，まず妻が介護休業をとった後に夫がそれに代わって介護休業をとったり，同じ時期に一緒に介護休業をとることもできます。また，要介護者である親の子に兄弟姉妹がいる場合には，それぞれが介護休業をとって老親を介護することもできます。なお，2009 年の育児・介護休業法の改正により，要介護状態にある家族の通院の付き添いなどに対応するために介護休暇制度が新設されました。要介護対象家族が 1 人であれば年 5 日，2 人以上の場合には 10 日を限度に 1 日単位または半日単位で取得することができます。

だれのために介護
休業できるのか？

労働者が介護休業をとることのできる**要介護者**（対象家族）は，配偶者（いわゆる内縁の妻や夫も含む），父母，子，配偶者の父母などです（育児・介護休業法 2 条 4 号）。これらの家族については同居・扶養の条件はついていないので，たとえば親と同居していないあるいは親を扶養していない子の場合でも介護休業を請求することができます。また，祖父母，兄弟姉妹，孫についても，2016 年の改正により労働者と同居し扶養していなくても介護休業を請求することができるようになりました（同法施行規則 3 条）。

　労働者が介護休業をとるには，これらの要介護者が負傷，疾病または身体もしくは精神上の障害により 2 週間以上の期間にわたり「常時介護を必要とする状態」（**要介護状態**）にあることが要件とさ

れています（育児・介護休業法 2 条，同法施行規則 2 条）。具体的には，特別養護老人ホームの入所判定基準である ADL（日常生活動作）の評価基準を用いて，「歩行等の移動，排泄，衣服の着脱，入浴，食事等に関し介助を必要とする状態」にあるか否か，という観点から判断されます。

遠慮なしに介護休業の請求を！

このような要件を満たす労働者から，少なくとも 2 週間前に介護休業の申出を受けた場合には，使用者はこれを原則として拒むことができません（育児・介護休業法 12 条）。また，使用者は，労働者が介護休業を請求したり，介護休業をしたことを理由として労働者を解雇その他の不利益取扱いをすることはできません（同法 16 条）。これらの点については育児休業の場合とほぼ同様です。

通算して 93 日休める

労働者が介護休業をとって会社を休むことのできる期間は，要介護状態にある対象家族 1 人につきのべ 93 日です（同法 15 条）。「え！ たったの 93 日，それでは短すぎる」という感じがしますね。しかも，2004 年改正以前は，その取得方法は，連続してかつ対象家族 1 人につき最低 1 回とされていました。だから，たとえば同一の要介護者について介護休業を 1 ヵ月ずつ断続的にとるというようなことはできませんでした。実はこれらの点が育児・介護休業法のもっとも大きな難点とされていました。

しかし，その後の法改正により，介護休業期間は延長されません

でしたが，その代わりに，対象家族1人につき3回まで介護休業をとることができるようになりました（同法11条）。

　なお，介護休業期間中の所得保障については，雇用保険から休業開始前の6カ月間の賃金の67％（対象家族の同一要介護につき，3カ月間を最長限度として）が介護休業給付金として支給されます。ただし，社会保険料の免除はありません。

| 介護休暇もとれる！ |

2016年に育児・介護休業法が改正され，新たに雇用期間が6カ月以上の労働者を対象とする介護休暇制度が導入されました。介護休暇を取ることのできる要介護者（対象家族）は介護休業と同じですが，1年につき5日（介護対象が2人以上の場合は10日）を限度として，1日未満の半日または時間単位で取得することができます（育児・介護休業法16条の5）。この介護休暇を利用して対象家族の介護のほかに，対象家族の通院等の付添い，対象家族が介護サービスの提供を受けるために必要な手続の代行その他の対象家族の必要な世話をすることができます（同法施行規則38条）。

4 カンカンガクガクの中でスタートした介護保険制度

　◇ 介護保険制度があると聞きましたが，それはどのようなものですか？　介護サービス利用者の負担が重くなったという話も聞くのですが，それは本当ですか？

なぜ介護保険なのか？

従来，高齢者に対する公的介護サービスは，特別養護老人ホームなどの**老人福祉制度**（措置制度）と老人病院などの**老人医療制度**（保健制度）の2本立てで提供され，それらに要する費用も税金と医療保険料でそれぞれ別個にまかなわれてきました。ところが，高齢化が急ピッチに進む中で，こうした従来の方式では介護システムを財政的に維持できないことが明らかになりました（措置制度の財源不足と医療保険財政の悪化）。そこで，老人福祉制度の財源不足分は，増税よりも介護保険制度を導入して社会保険化をはかったほうがよりスムーズに財源を確保できる。また，医療サービスのうちの老人介護の性格をもつ部分の費用については，介護保険を充当することによって医療保険財政の建直しをはかる。こういった介護システムの財政再建のために構想されたのが**介護保険制度**です。

議論の末にできた介護保険法

しかし，介護保険制度の導入についてはカンカンガクガクの議論がなされました。介護を必要とする高齢者の急速な増大（**介護リスクの一般化**）が予想される以上，公的介護サービスを多様・充実化させるとともに，その財源の確保をはかる必要があることはいうまでもありません。しかし，その反面，介護保険制度が国民の負担を重くすることは否定できないし，現在の公的介護サービスの現状を考えると，せっかく保険料を払っても，それに応じた介護サービスを実際に受けられるかという不安もありました。

そうした問題点を抱えながらも，介護保険法は，1997年になん

とか成立し，2000 年 4 月から実施に移されることになりました。しかし，予想を超える高齢化の進展により，介護給付費が膨らんだことから，その抑制を主なねらいとして 2005 年にさっそく改正されました。要介護度の軽い人を対象として将来手厚い介護を受けずにすむように新たに介護予防サービス制度を導入したことと，特別養護老人ホームなどの施設に入居する人の食費・居住費を保険対象から外して原則自己負担化することなどを内容とするものです。また，2011 年には，地域包括ケアシステムを実現するための法改正がなされるなど，たびたび改正されています。

　以下では，介護保険制度の基本的しくみを簡単に紹介することにしましょう。

```
┌─────────────┐
│ だれがどこに支払うの？ │
└─────────────┘
```

被保険者として介護保険料を支払うのは 40 歳以上の人です（強制加入）。このうち 65 歳以上の被保険者を**第 1 号被保険者**といい，40 歳以上 65 歳未満の者を**第 2 号被保険者**といいます。このように被保険者を 2 つに分けたのは，保険料の算定方式や徴収方法のほかに，保険給付の対象も異なっているからです。前者の場合には，介護保険料は介護サービスの水準に応じて市町村単位で算定され，原則として**年金から天引き**されますが，後者の場合には，全国一律の単価にもとづき算定され，**医療保険料として徴収**されます。

　また，第 1 号被保険者は，寝たきり等の要介護状態となったときには原因を問わず介護サービスを受けられますが，第 2 号被保険者の場合は，加齢にともなう特定の疾病（若年性認知症やパーキンソン

病など）や末期ガンなどにより要介護状態となったときにしかサービスを受けられません（たとえば，交通事故等で寝たきりになった場合には，第1号被保険者は介護サービスを受けられるが，第2号被保険者は介護保険ではなく障害者福祉施策等の保障を受けることになります）。

介護保険事業を運営する主体（保険者）は市町村です。市町村が，介護保険料を徴収したり，介護サービスの申請を受けて保険給付を行ったりします。また，介護保険の財源は保険料だけではなく，その半分は公費（税金）によってまかなわれます。

介護サービスを
受けるには？

介護保険制度による介護サービスを受けるためには，まず市町村に申請をしなければなりません。申請を受けた市町村は，被保険者の心身状況を調査し，市町村に設置された**介護認定審査会**（保健・医療等の学識経験者により構成された第三者機関）の審査・判定にもとづき要介護状態または要支援状態にあるか否かの認定を行います。この認定は，国の策定する全国一律の基準によって行われます。

要介護状態とは，心身上の障害のために入浴，排泄などの日常生活の基本動作についておおむね6カ月間にわたり常時介護を要すると見込まれる状態のことをいい，**要支援状態**とは，食事の準備や掃除などの日常生活を営むのに支障があるが，要介護状態までにはいたっていない状態のことをいいます。

2005年改正により要介護の区分は，従来の要支援と要介護1〜5の6区分から，要支援を1〜2とする7区分に変わりました。そして，要介護2以上の人は従来どおりの介護給付サービスを受けられ

ますが，要介護1と要支援1〜2の人は，新たな介護予防サービスの対象となり，筋力トレーニングや食生活の改善指導，認知症予防・支援などを受けることになりました。

受けられる介護サービスの内容は？

要介護状態等の認定を受けたときに利用できる**介護サービス**（保険給付の内容）には，大きく分けて居宅サービス，施設サービス，地域密着型サービスの3つがあります。

居宅サービスは，ホームヘルパーによる訪問介護や訪問リハビリなどを中心としていますが，日帰りまたは短期間の福祉・医療施設への入居介護（ショートステイ）なども含まれます。

施設サービスとしては，介護老人保健施設（医療ケアやリハビリを受けながら在宅介護をめざすための施設），特別養護老人ホーム（身体または精神上の障害により常時介護が必要な状態の人を対象とした施設ですが，順番待ちでなかなか入れないという問題を抱えています），**介護療養型医療施設**（長期入院患者に対する介護を中心とした病院施設）の3つがあります。

地域密着型サービスとは，市町村の指定事業者が行うサービスで，要介護者が住み慣れた環境で地域住民と交流を持ちながら介護サービスを受けられるもので，地域密着型グループホームへの入居や介護職員による定期巡回サービスなどがあります。

先ほど述べたように，要介護2以上の人はこれらのサービスのいずれかを受けることができますが，要介護1と要支援者については，要介護状態の発生の予防という観点から**介護予防サービス**を受ける

ことになります。

　介護保険制度の保険給付は，**現物給付**が原則です（利用者は直接介護サービスを受け，その費用については市町村がサービスを提供した施設等に対してその請求により保険給付を行います）。なお，2005 年改正法により，施設サービスのうちの居住費や食費は保険給付の対象から外され，在宅の場合と同様に全額自己負担となりました（ただし，低所得者については負担限度額を設定）。

　　　　　　　　　　　　　　　こうした多様な介護サービスのいずれを，
　介護サービスの内　　　　　またはどのように組み合わせて利用するか
　容は利用者が決定　　　　　を選択するのは利用者本人です。適切なサービス計画を立てるために利用者または家族が希望する場合には，**介護支援専門員**（ケアマネージャー）の支援を受けることもできます。介護支援専門員は，要介護者の状態を十分に把握し，本人や家族の意見・希望を聞きながら，サービス提供者との連絡調整をはかったうえで適切なケアプランを作成します。

　　　　　　　　　　　　　　　介護サービスを受けた人は，介護保険料と
　利用者の一部自己負担　　　は別に，受けたサービスの**費用の 1 割**，年収が 160 万円以上の場合には 2 割，220 万円以上の場合には 3 割を負担しなければなりません（施設入所の場合の居住費や食費については自己負担）。サービス費用が高額な場合には，それだけ負担額がかさむことになります。また，介護保険の給付額には上限が設定されていますから（支給限度額は要介護 5 で月 36 万 2170 円），それを超えるサ

ービス（上乗せサービスや横出しサービス）の費用については原則と
して全額利用者が負担しなければなりません。

介護サービスの充実
は民間事業の参入で
　　　　　　　　　　　介護保険制度でもっとも心配な点は，利用
　　　　　　　　　　　者が負担に応じた介護サービスを実際に受
　　　　　　　　　　　けることができるかという点です。

　もっとも，介護保険制度は，こうしたサービス不足に対する方策
として，介護サービスを提供する事業について従来の規制を大幅に
緩和しています。民間セクターの介護サービス市場への参入を大幅
に認めることで，競争原理により介護サービスの質と量の向上や費
用の効率化をはかろうとしているわけです。

Column ⑯ 高齢者の暮らしと財産を守るために
　　　　　　　　——成年後見制度

　民法では，契約や遺言をするために，当事者は一定の判断能力をも
っていることが要求され，従来，未成年者のほか，精神障害などでこ
うした判断能力が十分でないと家庭裁判所が判断した者（禁治産者と
準禁治産者）につき，その財産の管理権などに制限を加える一方で，
これらの者を支援する制度を設けていました（たとえば，通常は判断
能力を欠く状態にある禁治産者の場合，後見人がその財産を管理し
た）。ところが，従来の制度は，戸籍簿にその旨の記載がなされたこ
とから関係者が申立てをきらうことが多く，また判断能力の程度や保
護の必要性は多様なのに上記の2つのパターンしかなく，硬直化して
いるなどの問題点がありました。

　そこで，1999年，民法が改正され，従来の制度に代えて，後見，
保佐，補助という3つのタイプを設定し（前2者は従来の禁治産，準
禁治産にほぼ対応），かつ，本人の自己決定権を尊重しつつ残された

能力に応じたきめ細かな制限と家庭裁判所により選ばれた成年後見人等（親族や弁護士など）が保護・支援を提供する法定後見のしくみを実現しました。さらに，本人が判断能力喪失という状態になる前に，そうした事態に至った場合における生活・療養・財産に関する事務につき，自ら信頼する者に代理人となってもらう契約を締結しておく制度（任意後見）を創設しました（この任意後見人は，家庭裁判所の選任する監督人の監督に服します）。これら後見，保佐，補助や任意後見に関する事項は，プライバシー保護の要請との調和から，戸籍ではなく新設された後見登記等ファイルに記載されています。

　その後約20年を経て，これらの成年後見制度の利用に関しては，改正立法当時期待された補助や任意後見の利用には伸び悩みがみられる一方，後見への偏りが指摘され，認知症の高齢者のための成年後見人による本人の財産の着服などの不祥事も一部で報告されています。

One more step

大沢正子『育児休業・介護休業の実務のすべて』日本法令，1995

林弘子「介護休業制度」『福祉を創る』（ジュリスト増刊）有斐閣，1995

増田雅暢『わかりやすい介護保険法〔新版〕』有斐閣，2000

介護保険研究会監修『新しい介護保険制度Ｑ＆Ａ』中央法規出版，2006

赤沼康弘・鬼丸かおる編著『成年後見の法律相談〔第3次改訂版〕』学陽書房，2014

小林昭彦・大門匡・岩井伸晃編著『新成年後見制度の解説〔改訂版〕』金融財政事情研究会，2017

成年後見センター・リーガルサポート監修／清水敏晶著『ガイドブック成年後見制度　そのしくみと利用法〔第3版〕』法学書院，2017

親が死んだら，夫が死んだら，
自分が死んだら

肉親の死は悲しいものです。しかし，頼りにしていた親や夫の死は，残された家族に経済的にも大きな影響を与えるはずですから，悲しんでばかりいられません。この **Stage** では，人の死亡から生ずる財産の継承（相続）のしくみについて簡単に説明します。もしかすると，何らかの「備え」が必要かも。

1 相続のしくみを知ろう

◇ 父が急死しました。結婚してよそに住んでいる兄は，遺産分けの
ために，残されたこの家を売却して金に換える，遺産の取り分につ
いても長男が優先するなどと主張しています。戦前ならともかく，
今でも長男優先なんておかしい。具体的な分け方はどのように決ま
るのでしょうか。あ，そういえば，今の母の立場に，将来私が立た
される可能性もあるし。「親が死んだら」は「夫が死んだら」かも
……。

だれが，どれだけ？
遺言があったら？

ある人が死亡すると，その人に属していた
財産上の権利や義務はその近親者（**相続人**）
に承継されますが，これを**相続**といいます。
財産をもらう相続人にしてみれば，「棚からぼた餅」で財産が得ら
れますから，相続人間で遺産をめぐり激しい争奪戦がしばしば起き
ることがあるのも当然かもしれません。

　他方で，一定の額を超える遺産を相続すると，相続人は相続税を
納めなければなりません。

　さて，問題は，だれが相続人であり，どれだけの取り分（**相続分**）
があるか，死亡した者（**被相続人**）が遺言で遺産の分け方や個別財
産の帰属そのものを指定していた場合にどうなるか，という点です。
以下には，おおよその要点を示すことにします。

　(1) **遺言があるときは，それに従う**　　遺言は，財産の持ち主で

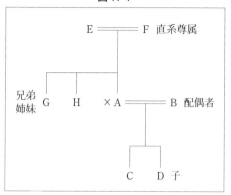

図 11-1

ある被相続人の最終の意思です。各人は生存中自己の財産を自由に処分できるはずであり、それと同様に、自分の死後の財産の帰属についても決めることができますから、遺言があればそれが基準となります（民法 902 条）。もっとも、そうすると、たとえば、3 人の子のうちの 1 人だけを父親がかわいがり、その子 1 人にすべての財産を残すとの遺言があった場合、他の 2 人はおそらく納得しないでしょうが、その場合の処理については後に触れます（268 頁以下参照）。

(2) **遺言がないときは、法律の規定にもとづく相続（法定相続）となる** 相続人となれる者の順位・範囲や相続分を定めている民法（同 886 条〜890 条・900 条）によれば、相続人となれるのは、①配偶者（法律上の夫婦関係にある者の一方からみた他方のこと）、②子（男女、実子・養子〔特別養子と実親との間では相続は生じません〕、既婚・未婚を問いません。なお、長男や長女が優先するというルールはありません）、③**直系尊属**（父母、祖父母など）、④**兄弟姉妹**です。なお、子と兄弟姉妹には代襲相続というものが認められます（264 頁参照）。

図 11-1 を参照して下さい。

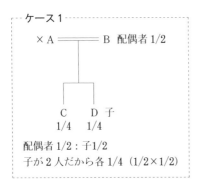

ケース1

×A ══════ B 配偶者1/2

C　　D 子
1/4　1/4

配偶者1/2：子1/2
子が2人だから各1/4（1/2×1/2）

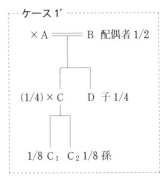

ケース1′

×A ══════ B 配偶者1/2

(1/4)×C　　D 子1/4

1/8 C₁　C₂ 1/8 孫

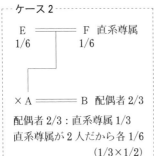

ケース2

E ══════ F 直系尊属
1/6　　　 1/6

×A ══════ B 配偶者2/3

配偶者2/3：直系尊属1/3
直系尊属が2人だから各1/6
（1/3×1/2）

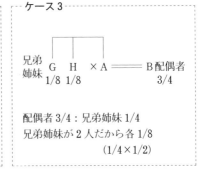

ケース3

兄弟
姉妹　G　H　×A ══════ B 配偶者
　　　1/8 1/8　　　　　　　　 3/4

配偶者3/4：兄弟姉妹1/4
兄弟姉妹が2人だから各1/8
（1/4×1/2）

　ただし，具体的には，配偶者は常に相続人となり，子も第1順位として相続人となりますが，第2順位の直系尊属は，第1順位の相続人（子およびその代襲相続人）がいない場合にはじめて相続人となり，第3順位の兄弟姉妹は第1順位相続人も第2順位相続人もともにいない場合に相続人となります。そして，相続人として配偶者と子がいる場合（ケース1），あるいは，配偶者と直系尊属とがいる場合（ケース2），配偶者と兄弟姉妹とがいる場合（ケース3），それぞれの相続分は，図に示したとおりとされています（なお，遺言により相続分の指定がなされている場合には，前述のようにそれに従います）。なお，いずれの場合でも同順位の者が複数いる場合（たとえば子が数人

いる場合）には各人の相続分は平等になります（ただし，直系尊属では親等の近いほうが優先）。

　以上を基本としつつ，やや特殊な場面として，夫が妻以外の女性との間にもうけた子など法律上の婚姻関係にない男女の間に生まれた子（非嫡出子）も，父の遺産を相続できます。ただ従来は，非嫡出子の相続分は嫡出子（法律上の妻との間の子）の半分とされており（民法旧規定900条4号ただし書前段），こうした規定が法の下の平等を定める憲法14条1項に違反するのではないかが，裁判で争われてきました。この点について，従来，最高裁は，法律婚を尊重する観点から憲法違反ではない（合憲）としてきました（最高裁1995・7・5決定）が，近年，法律婚主義の下にあっても，父母が婚姻関係になかったという，子にとっては自ら選択・修正の余地のない事柄を理由にその子に不利益を及ぼすことは許されず，子を個人として尊重しその権利を保護すべきであるとの考えが確立されているとして，遅くとも2001年7月当時（本件での相続開始の時点）において，非嫡出子の法定相続分を嫡出子の半分とする前記規定の合理的根拠は失われており同規定は憲法に違反し無効である，としました（最高裁2013・9・4大法廷決定）。違憲無効の規定は適用できませんから，本件では，相続分の平等を前提に裁判（遺産分割審判）のやり直しがなされることになります。

　なお，最高裁のこの決定において，民法の前記規定は，2001年7月当時には違憲で無効とされていますが，このことは，それ以降この決定までの間に前記規定の合憲を前提にしてなされた遺産分割の審判その他の裁判や，遺産分割の協議その他の合意で既に確定的な

ものとなった他の事件には，影響を及ぼすものではありません（同決定はこの点も明言しています）。

　最高裁のこの違憲判断を受けて，民法 900 条 4 号ただし書前段を削除する法改正が実現しました（2013 年 12 月 11 日公布・施行。この改正は，2013 年 9 月 5 日以後の相続に適用との経過措置がとられています）。

　兄弟姉妹が相続人となる場合に，父母の一方のみを同じくする兄弟姉妹（異母兄弟姉妹，異父兄弟姉妹）の相続分は，通常の兄弟姉妹の半分とされています。

　また，子と兄弟姉妹については，**代襲相続**が認められています。たとえば，**ケース 1′** において子が親より先に死亡していた場合には，その子（C）が生きていれば得たであろう分をその者の子（被相続人からすれば孫）が代わってその順位で相続するというものです。この場合に孫が 2 人（C_1, C_2）いれば C が得るはずであった部分（1/4）の半分の 1/8 が各自の取得分となります。

　以上に対し，遺産の承継が認められるはずの相続人について一定の事情がある場合に，相続資格を失わせるものとして，相続欠格と相続人の廃除という制度があります（*Column* ⑰参照）。

> *Column* ⑰　親不孝者はもらえない？
> ──不良少女が暴力団員と結婚したら
>
> 　親や夫・妻を殺して遺産の獲得をはかる者や遺言書の偽造などのインチキをする者に相続を許すのは，社会感情としても被相続人としても納得できません。そこで民法は，相続人に一定の重大な事情がある場合に相続権や遺留分権を剥奪する制度を 2 種類設けています（同891 条〜895 条）。
>
> 　①　**相続欠格**　　故意に被相続人や先順位もしくは同順位相続人を

殺したり，または，殺そうとして刑に処せられた場合のほか，詐欺・強迫により被相続人に遺言をさせたり，あるいは遺言書の偽造・変造など遺言に関して不正を働いた場合に，当然に相続権を失います。

② **相続人の廃除**　相続欠格の場合ほどひどくはないが，被相続人に対する虐待・重大な侮辱，または，相続人にその他の著しい非行があった場合に，被相続人の申出にもとづき家庭裁判所の手続を経て相続権を剝奪します。

廃除を認めた実例として，夫が妻に再三暴力をふるいその暴行が原因で流産し死亡させたケース，大学入学後賭け事や女遊びにおぼれ中退後も正業につかず親に金を強要し，応じない親に乱暴した子のケース（「親泣かせ」事件と呼ばれています）などがあります。

また，微妙な事例として，裕福な家庭の娘が少女期から非行に走り暴力団員との同棲の後，別の組員と結婚し，結婚に反対する父の名で披露宴の招待状を出した場合に廃除を認めています（育てかたにも問題のありそうな事例で，異論もあるでしょう）。

反対に否定例として，娘が親の反対を無視し少年院に収容された経験のある男性と結婚しても廃除は認められないとするものがあります。

|特別受益と寄与分|

各人の相続分（法定相続分）は以上のように決められていますが，たとえば，相続分としては平等な子の間でも，生前に親から住宅資金として多額の金銭の贈与（**特別受益**）を受けた者がいる場合，あるいは，子の1人が父親とともに家業に献身的に取り組んだおかげで繁盛し多くの遺産を残すことができた場合のように，遺産の形成や増大に寄与・貢献（**寄与分**）のある相続人がいる場合，これらの相続人をそうでない相続人と単純に同視して遺産を配分することは公平とはいえません。

そこで，これらの場合には，特別受益，寄与分は別途に配慮したうえで，具体的に相続できる割合が決定されることになっています（民法903条〜904条の2）。これを考慮して計算した結果を具体的相続分といいますが，たとえば，生前贈与として多額の贈与を受けている相続人は，いわば遺産の前渡しを受けたわけですから，死亡後の遺産から受け取る分が減少することになります。

遺産の分けかた 親が残した財産に対する各相続人の取り分の割合が決まったとしても，遺産の中には，土地建物などの不動産もあれば，現金，自動車，宝石，株式，ゴルフ会員権，銀行預金など，通常さまざまなものが含まれています。親の残した借金も相続人に承継されます。さて，分けかたは，被相続人が遺言で分割方法を指定している場合のほか，共同相続人全員の相談で決めます（**遺産分割協議**）。

　この遺産分割協議がまとまれば，それに従って個々の遺産の最終的な行き先が決まります。これには多数決ではなく共同相続人全員の合意が必要です。したがって，相続人の間で虚々実々の駆引きが，葬式直後から行われることもあるでしょう。協議の内容についてはとくに制限はなく，全員が合意する限り，法定相続分や指定相続分，具体的相続分にとらわれる必要はありません。分けかたについても，この土地は長女，別荘は長男，ゴルフ会員権は次男というように分ける方法，遺産（全部またはその一部）を売却して代金を配分する方法，長男に不動産を取得させる代わりに長男が長女と次男にたとえば金銭を支払う債務を負担するという方法などが考えられます。

なお，遺産が負債ばかりの場合や，そうでなくても相続したくない相続人は，相続開始を知った時から3カ月以内に家庭裁判所に**相続放棄**の申出をすれば，相続人とはなりません（民法915条・938条以下）。

　また，遺産が全体としてマイナス（負債）のほうが多いおそれがある場合には，**限定承認**という方法があります。これは遺産のプラスとマイナスを清算した後，負債が残った場合には相続人は責任を負わないが，プラスが残ればそれを承継できるというものです（3カ月以内に共同相続人全員による家庭裁判所への申出が必要です。民法922条以下）。

遺産の分けかたが決まらないとき

　不幸にして，共同相続人間の合意がまとまらない場合には，当事者は家庭裁判所に対して調停あるいは審判の申立てをすることができます。実際には審判の申立てをしても調停手続へ回されることが多いようです。

　調停は調停委員会という第三者が間に入って合意の形成に助力するというもので，調停委員会の提案に対して当事者があくまで納得できなければ，調停不成立ということで審判手続に移行します。

　他方，審判手続では，家庭裁判所が民法の定める分割の基準（「遺産に属する物又は権利の種類及び性質，各相続人の年齢，職業，心身の状態及び生活の状況その他一切の事情を考慮して」〔民法906条〕という程度の大枠）にもとづき審判という形で一定の判断を下すことになります。審判の結果に納得できない場合でも，2週間以内に高等裁

判所へ不服申立てをしないと，審判は強制力をもちます。

　では，具体的にどのような内容の審判が出されるのか，といえば，ケース・バイ・ケースでいちがいにはいえません。一般的にみて，従来から居住してきた事実や事業の後継者であることなどは考慮される傾向があります。たとえば，遺産である土地建物に従来から居住してきた相続人（被相続人の妻や被相続人と同居してきた子）にその土地建物の取得が認められ（配偶者の居住に関する法改正につき後述273頁以下），また，家業や農業の後継者に営業資産や農地の取得を認めるなどです。これらの場合，資産を承継した相続人に，他の相続人とのバランス上，他の相続人への金銭支払債務を負担させることもありえます。共同相続人が多数いて身分関係も複雑な場合には換価して金銭を配分することもあるでしょう。

私の取り分がない！　とき

　(1)　遺留分　　上の説明のように，相続による遺産承継のルールでは，あくまで遺言が優先します。ところが，十分に親孝行してきたつもりが，遺言書を開けてみたら，自己の取り分がゼロであったり，他の相続人に比べ著しく少ないということもありえます。自分の財産の処分は本人の自由であるとはいっても，法定相続分が相続人の生活保障の意味も一部もち，また，相続人の財産承継への期待も考慮する必要があることから，兄弟姉妹以外の相続人には**遺留分**というものが認められています（民法1042条以下）。簡単にいえば，遺留分とは，被相続人による生前贈与や遺言に関係なく，遺産のうち最終的に各人がキープできる部分のことです。

もっとも，遺留分を侵害する遺言も可能であり，遺留分を侵害された相続人がクレームを出すことにより（以下に述べるように遺留分侵害額請求権を行使することによって）遺留分をキープできるということです。また相続人が相続欠格・廃除・相続放棄により相続権を失った場合には遺留分の権利も失います（なお，遺言書の中に愛人への遺贈がなされた場合について，*Column⑱*参照）。

　(2)　遺留分の範囲　①直系尊属のみが相続人の場合には被相続人の財産の1/3，②それ以外の場合（配偶者のみ，子のみ，あるいは，配偶者と子が相続人のときなど。なお，兄弟姉妹は相続人の場合にも遺留分はありません）は1/2であり，③相続人が数人あるときはこれらの相続人全体の遺留分に各々の相続人の法定相続分の割合を掛け算したものが，各人の遺留分となります。

　被相続人の贈与や遺贈により自己の遺留分が侵害された相続人は，贈与や遺贈を受けた人に対して，侵害された遺留分を回復するに必要な分だけ，つまり遺留分侵害額について金銭による支払を請求することができ，このような主張を**遺留分侵害額請求**といいます。この請求はその贈与や遺贈を受けた者に対して行うもので，裁判を起こす必要はありません（相手方が応じなければ最終的には裁判になりますが）。ただしタイムリミットがあり，相続の開始（死亡のこと）と遺留分侵害となる贈与・遺贈があったことを知った時から1年以内，または相続開始の時から10年以内に請求をしなければなりません。

　たとえば，Aが3000万円の遺産を残して死亡し，遺言では全財産を三女のDに遺贈することとなっていたとしましょう。長女Bと次女Cの遺留分は，前述の②と③による結果，各々1/6となり

図 11-2

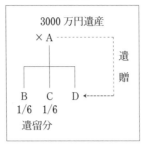

（1/2×1/3），金額に直せば各500万円ということになります（図11-2）。かりに遺言に従えばBとCの取り分がゼロですから，BとCは各々が500万円分についてDに対して侵害額請求することができるわけです。

Column ⑱　愛人に財産を残すとの遺言の効力？　〜〜〜〜〜〜〜

　被相続人に実は愛人がいてその愛人に遺産の全部や一部を残す旨の遺言書が出てきたとしましょう。自分の死後財産をだれに承継させるかは遺言者（本人）の自由だといっても，このような場合には遺留分とは別の問題が生じます。

　たとえば，生前の贈与として，ある男性が妻以外の女性との不倫の関係を維持するために女性に月々50万円支払うことやマンションを贈与する約束をした場合，この贈与契約は無効と考えられています。現代の婚姻秩序のもとでは，夫婦は互いに貞操義務があり（要するに，不倫はダメということ），これに反する契約は社会的妥当性がないからです（民法90条の「公序良俗違反」）。その延長で考えると，不倫の関係を維持するために，自分が死んだら財産をあげるとの遺言についても，同様に無効ということになります。

　ところで，こうした不倫の関係にある女性に対する遺言の効力が裁判で争われ新聞にも報道されたケースとして，7年間，半同棲という

不倫の関係にあった男性が全財産の3分の1をその女性に残すとした遺言の効力につき，最高裁は，この遺言は，不倫の関係の維持継続を目的とするものではなく，自分の死後その女性の生活保全のためになされたこと，遺言の前後で両者の親密度が増したとはいえないこと，その遺言により他の相続人（妻と娘）の生活が脅かされるとはいえないことなどを重視して，無効とはいえないと判決しました（最高裁1986・11・20判決）。

　ですから，不倫の相手方に対する遺言でも目的や相続人への影響などを考慮し，すべて無効というわけではなく，前記のような事情があれば有効とされる場合もあることになります。ただし，その場合，相続人の遺留分を侵害すれば相続人がクレームを出せることは当然です。

2　夫が死んだら妻は？

◇　相続の場面で，「妻の座」は，やはりトク？

妻の座と相続

　(1)　家族や相続のルールを定める民法の規定（親族編，相続編の部分）は戦後に全面的に改正されました。もっとも，法律が変わっても戦前の家中心の考えかたや古い意識が完全になくなったわけではありません。ここでは，「妻の座」を中心に戦前と戦後の民法の違いを簡単に述べておくことにしましょう。

　個人より家を重視した戦前のシステムの下では，すべて個人は法

律上「家」に属しました。したがって，相続も，その家の主<ruby>主<rt>あるじ</rt></ruby>としての「<ruby>戸主<rt>こしゅ</rt></ruby>」の死亡によりその地位（その財産を含む）を受け継ぐ**家督相続**と，戸主以外の家の構成員が死亡した場合の**遺産相続**の2本立てでした。家あるいは家産中心の制度ですから，家督相続の重要性が遺産相続よりもはるかに高かったのはいうまでもありません。いわゆる「あとつぎ」としての長男優先を原則としたのも，この家督相続です。戦前の民法における配偶者としての妻の地位は，きわめて劣悪であり，他家から入った妻の家督相続権は原則として否定され，遺産相続についても子や孫のような直系卑属がいる場合には相続人となることができませんでした。

(2)　これに対して，戦後の民法改正により，個人でなく家を中心とした家制度，家督相続は廃止され，配偶者の相続権についても，子や孫のような直系卑属がいるか否かに関係なく，常に遺産相続権が与えられました。他に相続人がいる場合の配偶者の相続分については，現在の制度は，262頁（ケース1）〜（ケース3）に掲げたように1/2，2/3および3/4です（この割合は，1980年の改正以降のもので，それより前はそれぞれ1/3，1/2および2/3とされていました。この1980年改正では前に述べた寄与分制度も明文化され，妻がその協力により夫の財産の形成増大に貢献したときは，夫の遺産相続に際してその寄与分を考慮すべき旨が明確化されました）。

◇　ごく最近，妻の地位に大きな影響をもたらす相続ルールの改正が実現したという新聞報道を見かけますが，何が変わったのでしょうか。

上に述べた 1980 年の改正以降，前述の非
嫡出子の法定相続分に関する差別撤廃の改
正（2013 年 12 月）までの 30 年以上の間，
相続法の分野においては実質的な見直しはほとんどありませんでし
た。しかし，この間に進行した激しい少子高齢化の流れは，配偶者
と子が相続人となる場合を想定すれば，配偶者の保護を図るべき必
要性の相対的な高まり（子の生活保障の必要性の相対的な低下）をもた
らし，こうした社会経済情勢の変化に対応する観点からの相続法制
見直しの議論を生み出しました。2015 年以降，政府（法務省）は，
これに応える形で配偶者保護の方策を中心としつつ，他方で，従来
の相続法において実務上生じていたさまざまな問題点についても，
詳細な検討を行い，2018 年 7 月に改正法が国会において成立し，
公布されました。内容は多岐に及びますが，やはり配偶者保護のた
めの方策，遺言の利用の促進のための方策，さらに，配偶者に限ら
ず相続人を含む利害関係人の実質的公平を図るための見直しが含ま
れている点が特徴といえます。

　この *Stage* は，身内の死亡という場面で生じうる相続という財
産関係を簡単に紹介するものですから，相続法改正の詳細に触れる
ことはしませんが，改正の本丸ともいえる配偶者の保護に関する部
分を中心に簡単に触れておきます。

　まず夫死亡の場合にこれまで居住してきた建物における妻の居住
がどうなるかについて，第 1 に，たとえば夫の死亡時に夫の建物
（居住建物）に無償で住んでいた配偶者は，以下の期間，居住建物を
無償で使用する権利（**配偶者短期居住権**）を取得します。①配偶者が

居住建物の遺産分割に関与するときは，居住建物の帰属が確定する日までの間（ただし最低 6 ヵ月間は保障），②居住建物が第三者に遺贈された場合や配偶者が相続放棄した場合には，居住建物の所有者から消滅請求を受けてから 6 ヵ月です。要するに，被相続人の建物に無償で居住していた場合には，被相続人の意思にかかわらず，最低 6 ヵ月間の居住は保護されます。

第 2 に，上述の配偶者の居住環境の一時的な保護とは別に，配偶者の居住権を長期的に保護する**配偶者居住権**が，配偶者が相続開始時に居住していた被相続人所有の建物を対象として，終身または一定期間，配偶者に建物の使用を認めることを内容とする法定の権利として新設され，遺産分割における選択肢の一つとして，または被相続人の遺言等によって，配偶者に取得させることができることとしました。配偶者に居住建物の所有権取得を認めた場合，相続分との関係で，他の財産（預貯金等）を受け取れない懸念（住む場所はあるが生活費が不安）がありますが，この居住権によれば，配偶者は居住建物の所有権は取得しないものの居住する権利を取得し，居住を継続でき，その分，他の財産も取得できることになります。

第 3 に，特別受益に関連して，生前に遺産の先渡しとして贈与・遺贈を受けた相続人は，その分，遺産分割の際には受け取る分が少なくなります。しかし，婚姻期間が 20 年以上である配偶者の一方が他方に対して，居住用不動産を贈与・遺贈した場合は，原則として，計算上遺産の先渡しとして取り扱わなくてもよいとされました。こうした場合の贈与・遺贈は配偶者の長年の貢献に報い，老後の生活保障の趣旨で行われることが多いことから，配偶者は，遺産の先

渡しを受けたと扱う必要はなく，贈与・遺贈の趣旨を尊重した遺産分割が可能となりました。

第4に，必ずしも配偶者に限りませんが関係のある改正として，相続人以外の親族が無償で被相続人の療養看護を行い，被相続人の財産の維持増加について特別の寄与をした場合には，一定の要件のもとで，相続人に対して金銭の支払を請求できることとなりました。相続人が被相続人の看護療養に努め，被相続人の財産の維持増加について特別の寄与をした場合には，従来，寄与分がその相続人に認められており，そうした寄与のない相続人と取得額の調整が図られています。しかし，寄与分の主体は相続人であることが必要とされ，たとえば長男の嫁（義父の相続人ではない）が義父の介護に特別の寄与をした場合でも，嫁には寄与分は認められないという不公平がありました。法改正により従来の（相続人の）寄与分とは別に，親族（範囲は民法725条によります（158頁参照）が，もともと相続人である配偶者は除かれます）による特別寄与料の支払請求権が認められました。

第5に，遺産分割が終了するまでの間，相続人は単独では一部でも預貯金の払戻しができないとされ，相続人の生活費や葬儀費用の支払など資金の需要があるのに，対応できない不都合がありました。そこで，法改正により，家庭裁判所が関与する仮払いのしくみと，家庭裁判所の判断を経ずに，一定額の範囲で金融機関の窓口で単独で払戻しを受けられるしくみが用意されました。後者における単独で払戻請求ができる金額は，相続開始時の預貯金債権の額（口座基準）×1/3×払戻しを請求する共同相続人の法定相続分です（たとえば，預金債権が600万円，相続人が長男，長女の2人の場合，長男は100

万円の範囲内で単独で払戻しが可能とされます。ただし，金融機関ごとに150万円の上限があります）。

<hr>
税金面の優遇措置

このように妻の地位が民法上強化されるとともに，相続などによる財産の承継に際して課される相続税などの負担についても税法上いくつかの特典が認められています。

たとえば，相続税法においては，配偶者に対する相続税額軽減が認められており，単純化していえば，配偶者が現実に取得した額が，1億6000万円までは税金はかからず，また，1億6000万円を超えた場合でも，配偶者の法定相続分相当額までは，税金はかからないものとされています（それを超えた場合には，その超過部分につき課税されます）。こうした特典の趣旨は，残された配偶者の老後の生活保障，その配偶者の遺産形成への寄与などを考慮して配偶者の負担の軽減をはかるというものです。

また，贈与税の配偶者控除として，婚姻期間が20年以上の夫婦間で居住用不動産やそれを買うための資金を贈与した場合に，その贈与税について，基礎控除110万円のほか最高2000万円まで控除される，つまり，贈与の対象である不動産の課税価格や贈与資金額が上記以下であれば税金がかからないというものです。

これらの特典は配偶者以外には適用されませんから，税法の上でも配偶者，妻の地位がかなり尊重されていることになります。

内縁の妻だったら

ところが，実際上夫婦としての生活をしていても何らかの理由で婚姻届が出されていない，いわゆる内縁関係の場合には，事情は大きく異なります。「配偶者」とは法律上の婚姻関係にあるものをさし，法律上の夫婦であるためには婚姻届が必要ですから，内縁の夫婦の場合は，妻としての取扱いは原則的になされません。

(1)　内縁の妻には相続権はありません。夫婦としての実質があるのに婚姻届の提出がないだけで，一律に相続権を否定することには疑問の余地もありますが，内縁の事実立証の困難さや相続関係における画一性の要請からやむをえないのかもしれません。

(2)　ただし，例外的に，内縁の妻でも，相続人が存在しない場合には，「被相続人と生計を同じくしていた者」など特別の縁故のある者（**特別縁故者**）として遺産から財産分与を請求することが認められます（民法 958 条の 3）。また，居住用建物の借家人であった内縁の夫が死亡した場合につき，借地借家法は，同様に相続人が存在しない場合に限り，内縁の妻などの同居人に特別に借家権の承継を認めています（内縁の妻には相続権がないため夫の借家権を相続できず，何の配慮もないとすると家主から追い出される心配があります）。

(3)　なお，必ずしも相続とは限りませんが，社会保険制度に関する各種の法律の中では，さまざまな給付金の受給などをめぐり，内縁の妻でも配偶者と同様の配慮がある例がかなり見受けられます（健康保険法，厚生年金保険法，労働者災害補償保険法，国家公務員等共済組合法など）。

3 死んだらおしまい。その前にやっとかなくちゃ

◇ 母が末期のがんで，もう長くないようです。仲のよかったきょう
　だいでも親の遺産争いでもめて，以後は敵同然になったという話を
　よく耳にします。そういうことにならないように何かよい手だてが
　あるでしょうか。また，母は，「死んでも絶対に夫の墓（夫の実家
　の○○家の墓）には入りたくない」といっています。それは可能な
　のでしょうか？

もめないための
遺言のしかた

(1) **遺言をしよう**　　多額の遺産という
「ごちそう」を前に「みんなで仲よく分け
ましょう」では，すんなりと話がまとまる
ことは期待できないかもしれません。しかし，遺産の分けかたや個
別の財産の帰属について，被相続人が遺言でその意思を明確に示し
ている場合には，相続人としても，遺留分が害されている場合を除
いて，少々不満はあってもその意思に従うことが多いでしょう。こ
のように遺言は被相続人の真意を実現するためにも，相続争いをな
るべく回避するためにも有用です。ところで，遺言は遺言者の死亡
によりはじめて効力を生じますが，その遺言の内容が争われるとき
にはすでに本人は死亡しており，本人の真意を確認することができ
ません。

　そのため，遺言は書面によることのほか一定の方式に従うことが
要求され，それに従わない遺言は法的な効力が認められません。ま

た，遺言にはいくつかの種類があり，それぞれ特徴があります。

(2) **遺言の種類**　　民法上，遺言には，3つのタイプ——**自筆証書遺言，公正証書遺言，秘密証書遺言**——があります（なお，これらのほかに，遺言者の死期が差し迫っている場合や一般社会から隔絶した状態〔伝染病による隔離，船舶中〕にある場合に手続を簡略化した特別の方式があります）。

簡単に特徴をいえば，自筆証書遺言（民法968条）はもっとも簡便なものとはいえ，その保管に従来難点ありとされたもの，公正証書遺言（同法969条）は他人からの誘導や強制を受けず自由意思にもとづき遺言し，遺言の存在や内容を明確にするため公証人を関与させるものです。秘密証書遺言（同法970条）は，遺言の存在自体は公証人の関与のもとに明確にしつつ内容は秘密にするものですが，実際の利用はごく少数なため**表11-1**（次頁）では説明は省きます。2018年の改正相続法では，自筆証書遺言について，自書というその方式を一部緩和するとともに，法務局における保管を可能とするしくみを導入しました（遺言書保管法）。なお1999年の民法改正で，公正証書遺言，秘密証書遺言の場合，手話などの通訳によることが可能となりました。

(3) **遺言はいつでも書き直せる**　　なお，遺言は遺言者が死亡するまで効力が生じませんから，遺言者はいつでも遺言を撤回することができます（民法1022条）。ただし，撤回の意思を明確化するために，自筆証書遺言ほかの前掲の遺言の方式に従って撤回することが要求されます（公正証書遺言でも自筆証書遺言で撤回することができます）。

表 11-1　遺言の方式と特徴

	方　式	特　徴
自筆証書遺言	①遺言者が遺言書の全文・日付・氏名を自書し，印を押す。 ②相続財産の目録を添付する場合，目録については自書を要しないこととした（パソコン等による作成，他人の代筆，通帳のコピーも可）。ただし，遺言者は，その目録のすべての頁に署名押印する。	費用不要（後述の保管申請の場合は別），公証人・証人の協力不要，遺言の存在・内容を秘密にできるが，本人保管の場合紛失・変造・隠匿のおそれ，内容不明や方式不備で後日争いの余地や無効となる危険あり。 法務局において保管および情報の管理が可能となり，その場合は検認不要とした。
公正証書遺言	①証人2人以上の立会いの下に，遺言者が遺言の趣旨を公証人に口授し，公証人がこの口授を筆記し，これを遺言者および証人に読み聞かせ，または閲覧させる。②遺言者および証人が，筆記の正確なことを承認した後，各自署名押印し，公証人が方式に従って作成したものである旨を付記して，署名押印する。	公証人・証人の関与が必要なため手続が複雑で費用（公証人の手数料）も必要だが，紛失・変造の危険はなく（原本は公証人が保管）無効となる余地や後日の紛争の余地が少ない。

　さらに，撤回の意思が明確でない場合でも，以前の遺言と新しい遺言が食い違うときは，その食い違う部分について前の遺言は撤回されたものとみなされ，同様に，遺言者が遺言の後に目的物を他人に処分した場合（たとえば，娘に取得させるとの遺言の後に目的物を他人に贈与した），あるいは，遺言者が故意に遺言書を破棄したときには，処分した部分あるいはその破棄した部分については，遺言の撤回があったものとみなされます（民法1023条・1024条）。

　(4)　**遺言の実現**　　被相続人の死亡後遺言内容を実現する手続を**遺言の執行**といい，相続人または遺言執行者（いごんしっこうしゃ）（遺言者が遺言により指

定，遺言により指定を任された第三者が指定，または家庭裁判所が利害関係人の請求により選任する）が必要な行為を行います。

遺言執行の前に，公正証書遺言，法務局に保管された自筆証書遺言以外の遺言では，家庭裁判所で検認(けんにん)という手続を受けなければならず，また，封印のある遺言書は相続人の立会いのうえ家庭裁判所で開封しなければなりません（民法1004条）。この検認は遺言書の形式などの状況を調査確認し，後日の遺言書の偽造・変造を防止し，また，その保存を確実にするためのもので，遺言書の効力を判断するものではありません。ですから，検認を経ていない遺言書や遺言の執行も有効ですが，ただ一定額の金銭の支払というペナルティが課せられます（同法1005条）。

お墓の話──自分の死後は？

自分の死後お墓をどう定めるかについては，とくに法律上の制限はありません。そもそも信教の自由は憲法上認められていますから（20条），お墓をつくらないことや散骨というやりかた（遺骨を粉にして海や山にまくことも相当な方法で行われる限り許されます）も可能です。したがって，設問のケースにおいても，夫婦だからといって同じ墓である必要はありません。夫婦がそれぞれの実家のお墓に別々に入ることもかまいませんし，妻が夫のお墓とは別に自分のお墓を手に入れることも可能です。

墓地の購入は，宅地の購入などとは異なり，その土地の所有権を取得するのではなく，墓地の経営主体（公営霊園，民営霊園あるいは寺院墓地）との契約により使用権を取得するにすぎません。したが

って，使用権の代価や使用の条件等々は契約によりそれぞれ異なり，それらの条件に従うことが必要です。みなさんも，新聞広告などで霊園分譲の例を見かけたことがあると思います。環境はよさそうですが，高価なので，ローン利用可能な物件もあるようです。この国では「死後のわが家」ともいえるお墓までもローンがつきものなのでしょうか。

　なお，すでにあるお墓をだれが受け継ぐのかについて，民法では，通常の遺産の相続のルールとは別に，被相続人の指定や慣習に従って，祭祀を主宰すべき者が受け継ぐことになっています（897条）。

One more step

本山敦・青竹美佳・羽生香織・水野貴浩『家族法〔第2版〕』日本評論社，2019

大村敦志・窪田充見編『解説　民法（相続法）改正のポイント』有斐閣，2019

NPO法人遺言・相続リーガルネットワーク編著『お墓にまつわる法律実務』日本加除出版，2016

世界へ飛び出そう

日本の女性の人権の問題は，国際社会とのかかわりを抜きには語れません。女性の人権の保障に，国連や各国政府やNGOはどのような役割を果たしているのでしょうか？　私たちが国際社会の中でこれから果たしていくべき役割は何でしょうか？　今，女性が力をつけて，社会へ，そして世界へ飛び出していくときです。

1 世界とつながる日本の女性

◇「国連の世界女性会議に行ってきた」と隣のおばさんがいってました。国連の会議なんて外務大臣とか国連大使とか偉い人が行くものと思っていたからビックリ！

人権は国内問題？

18世紀末，フランス革命やアメリカの独立に典型的にみられた近代市民革命とともに，近代的な人権宣言は生まれました。

人権というのは，人間が人間であるということによって当然にもっている侵すことのできない権利です。人権が認められるのは，人間1人ひとりがかけがえのない尊い存在であるからです。

人権の内容も，18，19世紀には自由権と参政権が中心でしたが，20世紀になると，社会的・経済的な弱者を守るために国家の積極的な施策を求めることができる権利，すなわち社会権が含まれるようになりました。

けれども，長い間，人権の保障は各国の国内問題だと考えられてきました。他国の人権問題に口を出すことは，不当な内政干渉だと考えられてきたのです。

人権の国際的保障

こうした状況を大きく変えたのが，第2次世界大戦でした。第2次世界大戦は，平和

1945 年	国際連合の成立
1948	国連総会，世界人権宣言採択
1966	国連総会，国際人権規約（経済的，社会的及び文化的権利に関する国際規約〔社会権規約〕，市民的及び政治的権利に関する国際規約〔自由権規約〕，および自由権規約の選択議定書）採択（1976 年発効）
1998	国際刑事裁判所設立条約採択（2002 年発効）
2006	国連人権理事会創設

の実現と人権の保障には密接な関係があることを明らかにしました。人権をもたない国民は，自国の政府が他国へ武力侵略を企てても，これを止めることはできません。人権を保障しない国を「その国の勝手」と放っておくと，自分の国を含めた世界の平和が守れないことは，ナチス・ドイツや戦前の日本の例から明らかです。人権を国際的に保障していかなければ，世界の平和は守れないのです。

　20 世紀に入ってから 2 度にわたって戦われた世界規模の戦争は，人類が今までに経験したことのない多くの犠牲者を出しました。とくに第 2 次世界大戦では，戦闘員ではない一般の人々がたくさん命を落としました。こうした悲惨な戦争を 2 度と繰り返さないために，1945 年，**国際連合**がつくられました。**国際連合憲章**は，国連の目的として第 1 に，国際の平和および安全の維持を掲げています。さらに国連は，その目的の 1 つにすべての人の基本的人権の擁護を掲げて出発しました。

　人権の内容は，**世界人権宣言**，さらに**国際人権規約**によって明らかにされました。人権規約は条約であり，条約の締約国になると，条約を守らなければなりません。人権規約が**社会権規約**と**自由権規約**の 2 本立てになっているのは，国家の積極的な施策を必要とする社会権の完全な実現を発展途上国にすぐに求めるのは無理だけれども，自由権についてはただちに完全な実現が求められるからです。

しかし，政治的立場，宗教，民族などを理由とする逮捕，処罰，殺害，拷問などが世界のあちこちで多発しており，世界の自由をめぐる状況はけっしてよくありません。

女性は人間じゃないの？

　近代市民革命の人権宣言は，すべての人の人権といいながら，女性を「人」だとは考えていませんでした。人というのは，家族を代表する家長である成人男性のことで，女性や子どもは含んでいなかったのです。

　しかし，女性も人間です。人権思想は女男平等思想を育てます。市民革命期から女性の人権の要求が起こりました。19世紀末から20世紀初頭にかけて，女性参政権運動に代表される女性の権利獲得のための闘いが盛り上がり，第1次世界大戦後には，多くの国で女性参政権が獲得されました。けれども，国連に加盟しているにもかかわらず，女性参政権が獲得されていない国がたくさんありました。女性は非論理的で感情的であるといった考えや，女性の役割は家の中で家族の世話をすることであるという考えが，根強くあったためです。

女性の人権の国際的保障

　女性の人権の国際的保障の歴史は，人権の国際的保障の歴史とともにはじまりました。国連憲章をはじめ世界人権宣言や国際人権規約は，男女の同権を掲げました。男女の平等を進めるために，政治，国籍，結婚，人身売買，労働，教育など，さまざまな個別の分野ごとの条約や宣言などが，国連（その中心となったのは国連の経済社会理事会の中の女性の地位

1967年	国連総会，女性差別撤廃宣言採択
1975	国際女性年。国際女性年世界会議（メキシコ・シティー）「世界行動計画」採択
1976	「国連女性の10年」はじまる（1985年まで）
1979	国連総会，女性差別撤廃条約採択（1981年発効）
1980	「国連女性の10年」中間年世界会議（コペンハーゲン）「国連女性の10年後半期行動プログラム」を採択
1985	「国連女性の10年」ナイロビ世界会議で西暦2000年に向けての指針となる「女性の地位向上のためのナイロビ将来戦略」を採択
1993	国連総会，女性に対する暴力撤廃宣言採択
1995	第4回の世界女性会議（北京）「ナイロビ将来戦略」を実施するための「行動綱領」を採択
1999	国連総会，女性差別撤廃条約選択議定書採択（2000年発効）
2000	国連特別総会「女性2000年会議」「北京宣言及び行動綱領実施のための更なる行動とイニシアティヴ」採択
	国連ミレニアム宣言。この合意から，ミレニアム開発目標（MDGs）策定
	女性・平和・安全保障に関する国連安保理決議1325号
2005	国連女性の地位委員会／「北京＋10」閣僚級会合
2010	国連女性の地位委員会／「北京＋15」記念会合
2011	UN Women 発足
2015	国連女性の地位委員会／「北京＋20」
	国連サミット，我々の世界を変革する：持続可能な開発のための2030年アジェンダ（SDGs）採択

委員会）や，ILO（国際労働機関），ユネスコ（国連教育科学文化機関）といった国連の専門諸機関によってつくられていきました。

　しかし，世界中で女性に対する差別は簡単にはなくなりませんでした。そこで国連は，すべての領域を包括する文書として，女性差別撤廃宣言さらに女性差別撤廃条約（**2**で詳述）を採択しました。さらに女性差別撤廃条約を補うものとして女性に対する暴力撤廃宣言が採択されています。

国連は，1975年を**国際女性年**に，さらにそ
れに続く10年を「**国連女性の10年**」に指
定して，女性の地位の向上に努めました。
目標は「**平等，開発，平和**」です。女性の地位の向上は，平和およ
び開発なしにはありえないからです。

「国連女性の10年」の最大の成果は，1979年に女性差別撤廃条
約を成立させたことでした。また国連は，75年以来4回の世界女
性会議を開き，国際機関，地域レベル，各国政府，NGO（非政府組
織）などがとるべき行動の指針を定めてきました。

国連は政府間の機構ですから，世界会議で行動計画などを採択す
るのは各国政府の代表者たちです。けれども，世界女性会議では，
政府間会議と並行して，NGOフォーラムと呼ばれる民間の女性会
議が開催され，NGOの意見を政府間会議に反映させてきました。
国連の活動が成果をあげるためには，政府とNGOの協力が不可欠
です。

NGOフォーラムでは，世界中の草の根の女性が集まって，お互
いの経験を共有し，連帯のネットワークを広げてきました。世界の
女性たちが暮らす環境はさまざまですが，抱えている問題は，驚く
ほど共通しています。たとえば，貧困はすべての社会でますます女
性の問題となっており（**貧困の女性化**），人身売買や強制売春につな
がっています。貧困は武力紛争の原因となり，戦時下で女性に対す
る組織的レイプが繰り返されています。

最初は対立していた北の先進国の女性と南の発展途上国の女性の
連帯も進みました。北の開発援助国の女性も南の女性もともに力を

1945年	敗戦。女性参政権実現
1946	日本国憲法成立
1956	国連に加盟
1975	婦人問題企画推進本部（本部長は内閣総理大臣）を設置
1977	「国内行動計画」をつくる
1979	国際人権規約を批准
1985	女性差別撤廃条約を批准
1987	「西暦2000年に向けての新国内行動計画」をつくる
1991	新国内行動計画の第1次改定
1994	婦人問題企画推進本部を男女共同参画推進本部に昇格し，男女共同参画室，男女共同参画審議会を設置
1996	「男女共同参画2000年プラン」をつくる
1999	男女共同参画社会基本法成立
2000	「男女共同参画基本計画」をつくる
2001	内閣府に男女共同参画会議および男女共同参画局をつくる
2005	「男女共同参画基本計画（第2次）」をつくる
2007	国際刑事裁判所に加盟
2010	「男女共同参画基本計画（第3次）」をつくる
2015	「女性・平和・安全保障に関する行動計画」をつくる（2019年改定）
	「男女共同参画基本計画（第4次）」をつくる
2018	政治分野における男女共同参画推進法成立

つけて（エンパワーメント），開発のありかたを変えていかなくては，貧困の克服はできません。また，地球環境の破壊や人口爆発などの問題も解決できません。NGOフォーラムの参加者は回を追うごとに増え，1995年に開かれた北京会議（第4回世界女性会議）では世界各地から3万人以上の女性が集まりました。北京会議の成果は，2000年，2005年，2010年，2015年にも確認され，完全で，効果的で，加速された実施のための行動が合意されています。

2015年9月，国連サミットで採択された持続可能な開発目標（SDGs）では17のゴールの1つとして，ジェンダー平等と女性および女児のエンパワーメント（ゴール5）を掲げています。

世界とつながる日本 ）　日本の憲法が人権の保障を目的としたのは，第2次世界大戦後のことです。それ以前にも，大日本帝国憲法による政治が行われていましたが，これは同じ憲法という名前はもっていても，人権という考えが入っていない憲法でした。人権を認めない日本は，国際社会に背を向けてアジアへの侵略戦争を行いました。

　戦後，2度と同じ過ちを犯さない国家になるために，日本は，人権の保障を目的とする日本国憲法を制定したのです。

　めざましい経済復興をとげ経済大国になった日本は，国内的にも国際的にも，人権の保障を積極的に進めていくことが求められています。しかし，日本の政府は今まで一般的に人権の問題に熱心ではありませんでした。女性の人権に関しても同じです。年表に示したように，女性差別撤廃条約を批准し，世界女性会議の決定を受けて，世界会議における決定を国内に取り入れていくための機構の整備や行動計画づくり，それにもとづく施策は進められてきました。国のレベルだけでなく，地方自治体でも，それぞれの行動計画づくりや，女性に関する総合的な行政を進める体制づくりが進められてきました。しかし，女性に関する日本の施策がまったく不十分なことは本書の各 *Stage* でみてきたとおりです。強力な国際的取組みと国内の NGO に押されて，何とかここまで歩んできたといったところです。

　日本の性産業は現在でもアジアの女性の人身売買の受入れ先となっています。女性たちは監禁・暴行され，売春を強要されてきました。何人もの女性が殺されています。こうした女性の人権状況に日

本社会の関心はこれまで必ずしも高くありませんでした（*Column* ⑪）。

　しかし，日本の NGO，日本の女性も，急速に力をつけています。アジア地域での NGO のネットワークが広がっています。1995 年の北京会議では，5000 人近い日本女性が NGO フォーラムに参加しました。

　1999 年には，**児童買春・児童ポルノ禁止法**が成立し，アジア諸国における日本人男性の子ども買春や，日本国内で大量につくられる子どもポルノに対する法規制が実現しました。2000 年には，ストーカー規制法や，強姦罪の 6 カ月の告訴期間廃止などを実現する犯罪被害者保護のための 2 法，2001 年にはドメスティック・バイオレンス防止法が成立するなど，女性に対する暴力に対する法整備は，北京会議後の成果です。2005 年には，人身売買に対応する改正刑法も成立しました。2017 年には，刑法の性犯罪規定について，110 年ぶりの大規模改正が行われました。

　男女共同参画社会基本法は，国や地方自治体が男女共同参画社会を実現するための施策を進めなければならないと定めました。施策のなかには，ポジティブ・アクション（**2**参照）も含まれます（同法 8 条・9 条）。企業などを含めた国民各自も，男女共同参画社会の形成に寄与するように努めなければなりません（同法 10 条）。施策に対する苦情処理や人権侵害の救済を行う，男女平等オンブズパーソンなどの設置が議論になっており（同法 17 条参照），条例で，苦情処理機関を設ける自治体も増えています。

　基本法は，ジェンダーの視点をすべての政策に組み込むこと（ジ

表 12-1　女性差別撤廃条約の内容

6 条	女性の売買・売春からの搾取の禁止
7 条	政治的・公的活動における平等
8 条	国際的活動への参加の平等
9 条	国籍に関する平等
10 条	教育における差別撤廃
11 条	雇用における差別撤廃
12 条	保健における差別撤廃
13 条	経済的・社会的活動における差別撤廃
14 条	農村女性に対する差別撤廃
15 条	法の前の男女平等
16 条	結婚・家族関係における差別撤廃

ェンダーの主流化）を求めています（同法15条）。2003年に改定された ODA 大綱では，基本方針のなかに，男女共同参画（ジェンダー平等）の視点を盛り込みました（2015年，開発協力大綱に改定）。

2　女性差別撤廃条約は強い味方

◇ 働く女性のグループが，国連に会社の性差別の実情を訴えるレポートを提出したと聞きました。国連って，日本の企業の女性差別も解決してくれるの？

男女の役割の変革

女性差別撤廃条約（女性に対するあらゆる形態の差別の撤廃に関する条約）の中心理念は，男女の固定化された役割分担観念を変革することにあります。女性だけでなく，男性の社会および家庭における伝統的役割を変えなくては男女の平等は達成できません。妊娠・出産・授乳の保護が女性

1984年	国籍法改正——父系血統優先主義を父母両系主義に。帰化条件の男女差別を廃止
	文部省，家庭科教育における男女同一の取扱いを実現する方針を決定
1985	男女雇用機会均等法の制定。労働基準法の女性保護規定の見直し
1989	法例改正——国際結婚に適用される法律の決め方の男女平等が実現
1996	法制審議会，結婚・離婚に関する民法改正を答申
1997	男女雇用機会均等法改正（努力規定から禁止規定へ）および労働基準法改正（一般女性保護の廃止）
2006	男女雇用機会均等法改正（間接差別の禁止）
2015	女性活躍推進法成立
2017	刑法の性犯罪規定改正

にのみ認められるのは当然ですが（同条約4条2項），授乳以外の育児は男女共通の役割です。1967年の女性差別撤廃宣言はまだ，家族とくに子の養育は女性の役割と考えていたことと比べて，79年の条約は大きく前進しました。

　条約は，締約国が，男女の固定化された役割分担観念を変革するために，男女の社会的および文化的行動様式を修正するためのあらゆる適切な措置をとることを求めています（同条約5条(a)）。

　　　　　　　　　　　　　　この理念にもとづいて，条約の締約国は，
　差別って何？　　　　　　女性に対するあらゆる形態の差別を撤廃し
なければなりません。

　撤廃しなければならない差別には，さまざまなものが含まれます。性による区別が，女性の人権を害する目的をもつときだけでなく，そのような効果があれば，それは差別です（女性差別撤廃条約1条）。国家による差別だけでなく，個人，団体または企業による差別も含

まれます（同条約2条(e)）。法律や規則による差別だけでなく，慣習および慣行による差別も対象です（同条約2条(d)(f)）。

　締約国は，こうした女性差別の撤廃のために，あらゆる適切な措置をとらなければなりません（同条約2条）。政府は男女をたんに法律上平等に扱えばよいというのではなく，現実の平等を実現すること（**事実上の平等**）が求められているのです。

ポジティブ・アクション

　事実上の平等を進めるには，女性に対する暫定的な特別措置（**ポジティブ・アクション**。**アファーマティブ・アクション**ともいう）が必要です。今まで差別を受けてきた女性に，「今日から差別はしませんから，男性と同じ条件でがんばって下さい」というだけでは，過去の差別の結果，ついてしまったハンディを乗り越えることはできないからです。

　ポジティブ・アクションには，男性と対等に競争できるように女性に優先的に教育訓練をしたり，女性に積極的に応募をすすめるといったものから，目標数値と達成期限を設定する取組み，一定割合を女性に優先的に割り当てるクオータ制まで，さまざまな方法が含まれます。

　女性差別撤廃条約は，ポジティブ・アクションは条約に違反する差別ではないと規定するだけです（同条約4条1項）。しかし，必要かつ適当な場合には，締約国にはポジティブ・アクションを採用し実施する義務があると考えられます（女性差別撤廃委員会一般的勧告25）。

締約国はすべての適当な措置をとらなければなりません。この場合もっとも重要なのは、立法府による国内法の整備です。日本は1985年に女性差別撤廃条約を批准するにあたって、条約に明らかに違反する法律の改正を行いました。批准後も法律改正が行われています（293頁の年表参照）。

しかし、まだまだ日本には立法上の課題がたくさんあります。このように国内法の整備が不十分な場合は、国内裁判の役割が重要になります。日本では、条約は国内法としての効力ももちますから、条約が日本の裁判で直接適用され、条約違反の法律が無効となる可能性があります。また、条約は、憲法を含めてすでにある国内法規の解釈の指針となるという形でも日本の裁判に適用されます。

しかし、今まで日本の裁判所の多くは、国際的な人権条約違反だという国民の主張を簡単に退けてきました。裁判所が人権条約違反の主張に真剣に取り組まざるをえないような状況をつくっていく必要があります。裁判官の研修も必要です。

国家報告制度から
個人通報制度へ

女性差別撤廃条約で締約国が負っている義務の履行（りこう）の確保は、**国家報告制度**によって行われます。締約国は、条約の実施のためにとった立法上、司法上、行政上その他の措置およびこれらの措置によってもたらされた進歩について、定期的に国連事務総長にレポートを提出し、女性差別撤廃委員会の審議を受けます（同条約18条）。

国家報告制度における政府レポートの審議は、「建設的対話」を

目的としており，締約国の条約違反を認定して責任を追及しようという制度ではありません。委員会からの勧告を含む国別総括所見が出されるとともに，締約国一般に向けた勧告が出されるだけです。

そんなものなら，政府が「自分の国では完璧にやってます」というレポートを出せば，女性差別があってもそれ以上国連はどうしようもないのでは？　と心配になるかもしれません。実際，日本国政府の提出しているレポートも差別の現状を正しく認めていません。

しかし，NGO が政府レポートの作成に関与し，さらに NGO 独自のレポート（カウンター・レポート）を提出して委員会に情報を与えて，委員会の審議を充実させ，審議を監視していくことで，国家報告制度はそれなりの効果をあげることができます。国際世論が政府にプレッシャーを与えるのです。

2008 年には，総括所見のなかの重要な 2 項目について，2 年後までに報告させる，フォローアップ制度も導入されました。2016 年 3 月に公表された第 7・8 次日本レポートに対する委員会総括所見は，民法改正とマイノリティー女性に対する複合差別からの保護をフォローアップ項目としました。

よりいっそう効果的なのは，**個人通報制度**を設けることです。人権侵害を受けた個人から国際機関への直接の通報を認めることには，国家の主権を侵すという抵抗も強くあります。しかし，女性差別撤廃条約に関しても，1999 年，個人通報・調査制度を定めた選択議定書が採択され，2000 年に発効しました。日本の批准が求められています。

女性差別撤廃条約をさらに進め，女性に対
する暴力が女性に対する差別であり，女性
の人権侵害であることを明らかにしたのが**女性に対する暴力撤廃宣
言**です。暴力には，国家による暴力，職場や学校をはじめとする一
般社会の暴力，家庭内の暴力が含まれます。身体的暴力だけでなく，
性的暴力，心理的暴力も含まれます。

これらの暴力が，女性の生命・身体の自由と安全だけでなく，労
働権や教育を受ける権利などあらゆる女性の人権を奪っています。
女性差別撤廃条約の締約国は，条約上の義務を履行するために，女
性に対する暴力の撤廃にも取り組んでいかなければならないのです。

> ### *Column* ⑲ 女性性器切除
>
> 「割礼」ということばを知っていますか？ ふつうは男性性器の包
> 皮を環状に切断する風習・儀式のことをいいます。日本にはそういう
> 習慣はありませんが，世界の中にはけっこう広く分布しています。ユ
> ダヤ教やイスラム教でも行われています。
>
> でも，性器の一部を切除するという意味での「割礼」は，男性に対
> するものだけではなく，女性に対しても行われています。これは「女
> 子割礼」として，固有の文化にもとづく慣習として，あるいは宗教に
> もとづく行為として尊重されるべきなのでしょうか？
>
> 女性性器切除は，エジプトやスーダンをはじめアフリカの約20の
> 国，アジアと中東の一部，そしてそうした地域からの移民によって行
> われています。どの程度の性器切除を行うかは文化によってまちまち
> なのですが，性器——陰核（クリトリス）と陰唇——の一部または全
> 部が切除されます。そして，尿と月経血のための小さな出口を残して，
> 性器が封鎖される場合もあります。

こうした手術はふつう麻酔も消毒もなしに，まだ慣習を受け入れるかどうか自己決定できない年齢の少女のうちに行われます。手術のときの激しい痛み，出血や感染症だけでなく，一生涯重大なダメージを受けます。結婚して性交する場合や出産のときは，封鎖されたものが切り裂かれなければなりません。出産はとても危険なものになります。

　女性性器切除は，女性の性的積極さをなくすため，女性の処女性を保証するため，必要だとされています。これは女性の人権侵害以外のなにものでもありません。国際的には，少女を性器切除から守らなければならないことが確認されています。しかし，結婚以外に女性の生きるみちがない社会で，慣習を受け入れないと結婚できないとすれば，慣習を根絶することはできません。少女の人権が保障されるためには，どのような取組みをしていけばよいのでしょうか？

3　平和の中に生きたい

◇「自衛隊に入って海外の困っている人たちを助けたい」って友だちにいったら，「なにも自衛隊に入らなくたって，平和のための活動はできるよ。コワイこといわないで！」っていわれちゃった。そうなのかなぁ？

人権と平和は
切り離せない

　すべての人の人権が保障されてこそ世界の平和が守れると同時に，平和であってこそ，人権の保障も行われます。いったん戦争がはじまったら，多くの一般市民の命が奪われます。言論・出版の自

由をはじめあらゆる自由が制約されるでしょう。軍事費に国の予算を注ぎ込んでいたら，福祉や教育をはじめ，私たちの暮らしを守るための予算は削られざるをえません。

国連の平和主義

国家間で争いが起きたときに，軍事的に解決をはかれば戦争になります。国際の平和と安全の維持を目的とする国連は，加盟国に紛争の平和的解決を義務づけ（国連憲章2条3），武力による威嚇または武力の行使を禁止しました（同2条4）。それにもかかわらず，紛争が平和に対する脅威，平和の破壊または侵略行為に至る場合には，その解決は，安全保障理事会を軸とする国連が，平和的解決をあくまでも優先するという原則のもとで引き受けることとしました（同5章・6章・7章）。さらに国連憲章は，平和の確保には，経済的・社会的問題の根本的な解決が不可欠であると考えています。（同前文・1条3・9章）。

軍事的措置は最後の手段ですが（同42条），最終的には軍事力に訴えるというのが国連の考える平和のための制度です。

また，加盟国が武力攻撃を受けた場合には，安全保障理事会が必要な措置をとるまでの間とはいえ，**個別的自衛権**や**集団的自衛権**の発動として，武力行使をすることができます（同51条）。個別的自衛権というのは武力攻撃を現に受けた国の反撃の権利ですが，集団的自衛権というのは，他国に対する武力攻撃が自国に対する攻撃とみなされるような場合に，武力攻撃を受けていない国が反撃の権利をもつことです。

日本国憲法の平和主義

　　　　第2次世界大戦後，国連の創設とほぼ時を同じくして生まれた日本国憲法は，2度と再び戦争を起こさないことを決意して，いっさいの武力行使を否定しました。**憲法9条**は，自衛戦争を含めていっさいの**戦争を放棄**し，**戦力の不保持**と**交戦権**（国家の戦争する権利）**の否認**を定めました。

　自衛戦争まで放棄したのは，自衛戦争の名のもとに侵略戦争が繰り返されてきたからです。自衛戦争を認めるとかえってそれが戦争を引き起こしてしまうからです。そして，核戦争の時代に入った現在，戦争に勝っても負けても多くの一般国民の命が奪われることは避けられません。通常兵器による戦闘であっても，軍隊は軍事作戦を遂行するためには自国民の命さえ奪うことは，沖縄の経験から明らかでした。

　軍隊は敵に情報を与えないために，国民にも秘密をつくります。軍隊は上官の命令に忠実に従う人間を必要としますが，それは1人ひとりの人間の尊厳を守ることと相容れません。そこで日本国憲法は，武力によってではなく，「平和を愛する諸国民の公正と信義に信頼して」（前文）日本の安全を守ることにしたのです。

憲法の平和主義があぶない！

　　　　現実には，日本は**自衛隊**と呼ばれる軍隊をもっていますし，アメリカと**日米安全保障条約**を結び，アメリカの世界戦略の一翼を担っています。

　政府は，「自衛隊は憲法で禁じられた戦力ではないから憲法違反ではない，安保条約にもとづく在日米軍は日本の軍隊ではないから

憲法違反ではない」といってきました。しかし，自衛隊や在日米軍が憲法違反の戦力であることは間違いありません。こうした違憲の存在を国民に受け入れてもらうために，政府は自衛隊に対してさまざまな規制を加えてきました。自衛隊を海外派兵することはできない，徴兵制はとれない，集団的自衛権を行使することはできない，武器は輸出しない，核兵器はもたない・つくらない・もち込ませない（非核三原則），防衛費は GNP（国民総生産）の 1％ 枠内とするといった憲法上，政策上の制限です。

　しかしこのような制限は，日本の国土を防衛するためだけでなく，アジア・中東地域にもっている日本の経済権益を確保するためにも自衛隊を利用したいという人々にはじゃまです。アメリカも，もっと日本の自衛隊が自由に行動できれば助かります。そこで，防衛費の 1％ 枠は撤廃され，国連の平和維持活動（PKO）への参加を手がかりに，自衛隊の海外派兵が進められ，2003 年には米英軍のイラク占領統治に参加しました。1997 年の新ガイドライン（日米防衛協力のための指針）を実施するために制定された**周辺事態法**は，アメリカのはじめる戦争に，日本が自衛隊だけでなく地方自治体や民間を巻き込んで参戦する体制をつくるものです。有事法制も整備されました。2014 年 7 月 1 日の閣議決定によって，集団的自衛権の行使を容認する，政府の憲法解釈の変更が行われ，2015 年 9 月には，これを具体化する安全保障関連法が成立しました。

　憲法 9 条改正論が盛んに主張されています。2007 年には，憲法改正国民投票法が制定されました。

日本国憲法の平和主義は，国連の軍事力による平和への活動に対しても日本の参加を認めていません。「日本の平和主義は，自分の国だけ平和ならいいという一国平和主義だ」と批判する意見があります。しかし日本の平和主義は，国連の平和主義より一歩先をいっているのです。ここで国連中心主義になるのは後退です。

日本国憲法のめざす「国際貢献」

軍事力を行使しても，紛争を根本的に解決することはできません。戦争の原因となる貧困や飢餓，環境破壊，人権侵害を解決することこそが平和をつくり出します。軍縮や核兵器の廃絶も重要です。

憲法は「われらは，平和を維持し，専制と隷従，圧迫と偏狭を地上から永遠に除去しようと努めてゐる国際社会において，名誉ある地位を占めたいと思ふ」（前文）と述べています。

国連の経済的・社会的協力や国際的人権保障の領域で，国際社会における，名誉ある地位を占めたいものです。

Column㉑ 日本軍「従軍慰安婦」

1931年の満州事変以来，日本は中国東北に対する侵略戦争を行い，37年には中国に対する全面的な侵略戦争に拡大し（日中戦争），さらに41年からは太平洋戦争に入り，45年に連合国に敗れるまで，15年戦争と呼ばれる，アジアに対する長く残虐な侵略戦争を続けました。多くのアジアの人々の命を奪い，家を焼き，女性を強姦しました。

1932年以来敗戦まで，日本軍は戦地や占領地に軍慰安所をつくり，慰安婦に，日本軍の将兵相手に性的行為をさせました。日本人，朝鮮人，台湾人，中国人，フィリピン人，インドネシア人，ベトナム人，オランダ人その他日本が占領した各地域の女性が慰安婦にさせられました。1910年以降日本の植民地とされた朝鮮からは，多くの女性が

各地へ送り込まれました。

性的経験のない若い女性・少女がだまされ，強制され，誘拐されたのです。狭い小部屋に閉じこめられ，逃げ出そうとすれば拷問され，殺されました。兵士たちは小部屋の外に列をつくっていたといいます。来る日も来る日も 20 人 30 人の男に強姦され続けたのです。日本の敗戦後，故郷から遠く離れて置き去りにされ，母国になんとか帰っても，健康を害し，心を傷つけられた戦後の生活は苦しいものでした。被害を訴えることすらできませんでした。

慰安婦のことは戦後ずっと知られてはいましたが，韓国や日本で日本政府の責任を問う本格的な運動が生まれたのは 1990 年代になってからです。日本政府は 1993 年になってやっと謝罪しました。しかし，元慰安婦への国家による補償は拒否しています。責任者の処罰もなされていません。なぜ戦後数十年もこのように重大な女性の人権侵害が放置されたのでしょう？　軍隊による性暴力は過去の問題でしょうか？（関釜裁判＝山口地裁下関支部 1998・4・27 判決参照）

4 政策・方針決定への参画

◇「世の中を変えるには政治家になるのがいちばん」と思うから，とりあえず市議会議員選挙の手伝いをしようと思っています。会社員の彼は「妻が政治家なんて，オレ会社で生きてけないよ」ってブツブツいってるけど。

男まかせの政治

日本の歴史上，女性の首相は1人もいません。女性大臣は，2001年小泉内閣，2014年安倍内閣の5人が過去最高です。女性衆議院議員は9.9％，参議院議員は22.9％（2019年），地方議員は13.1％（2018年），知事は47都道府県中3名，市区長は814市区中21名，町村長は926町村中6名（2018年）という状況です。女性議員が1人もいない「女性ゼロ議会」が，市区議会の4.5％，町村議会の32.7％です（2018年）。このことは，だれからどれだけ税金を集めてどう使うか，どういう政策を国内や国際社会で行うか，日本でこれを決定しているのは男性なのだということを示しています。

世界をみると，193カ国の第一院の女性国会議員比率は24.3％（2019年）と着実に増加しています。そのなかで，日本は世界第165位，もちろん先進国の中では最低です。女性議員の割合が多い国の第1位がルワンダの61.3％，2位はキューバの53.2％，3位はボリビアの53.1％，他に40％台の国が12カ国，30％台の国が35カ国あります（2019年）。閣僚の女性比率も増えています。スウェーデンでは1994年に女性大臣が5割にさえなりました。これら女性の比率の高い国では，ポジティブ・アクション，具体的には，憲法または法律による議席割当制や候補者クオータ制，政党による自発的なクオータ制が採用されています。

日本では，政策決定過程で事実上重要な役割を果たしている国の審議会の委員比率にポジティブ・アクションが取り入れられてきました。2020年までに女性の委員の割合が40％以上，60％以下を達成するのが現在の目標です。2019年現在の比率は39.6％です。衆

議院議員および参議院議員の選挙の候補者に占める女性の割合を
2020年までに30％とする目標は，政府の努力目標にすぎません。

　2018年，政治分野における男女共同参画推進法が制定・施行さ
れ，議会議員の選挙において，男女候補者の数ができる限り均等と
なることをめざして，政党その他の政治団体は自主的に取り組むよ
う努めることとされました。

> どこでも方針決
> 定は男まかせ

女性の政治参画が進んでいない背景には，
あらゆる領域で方針決定への女性の参画が
なされていないことがあります。国の本省
課室長クラスの管理職公務員の女性比率は5.3％（2019年），裁判官
は22.2％（2018年），検察官（検事）は25.6％，弁護士は18.9％で
す（2019年）。政党，政治家の後援会，学校，民間企業，労働組合，
経営者団体，農業協同組合，町内会といったあらゆる場で，女性は
方針の決定の場に参画していません。これでは女性の政治家も増え
ません。政府は，社会のあらゆる分野において，2020年までに，
指導的地位に女性が占める割合が，少なくとも30％程度になるよ
う期待する，との目標を掲げています。

　国連その他の国際機関で働く日本人女性は増えていますが，幹部
職員としての参画が求められています。

> 「どこにも半分」
> があたりまえ

私たちの社会は女半分，男半分でできてい
ます。女と男が別々の役割を担って，男だ
けが集まって政策や方針の決定をしていた

ら，男に都合のよい決定しかできなくなってしまうでしょう。男女の役割分担を前提とした決定をしてしまうでしょう。あらゆる領域で，政策・方針の決定過程に女性が参画していく必要があります。そのために，あなたも手をあげて下さい。

「ハイ，私が立候補します！」

One more step

辻村みよ子・金城清子『女性の権利の歴史』岩波書店，1992

林陽子編著『女性差別撤廃条約と私たち』信山社，2011

田中由美子・甲斐田きよみ・高松香奈編著『はじめてのジェンダーと開発──現場の実体験から』新水社，2017

鹿嶋敬『男女平等は進化したか──男女共同参画基本計画の策定，施策の監視から』新曜社，2017

若尾典子『ジェンダーの憲法学──人権・平等・非暴力』家族社，2005

辻村みよ子『ポジティヴ・アクション──「法による平等」の技法』岩波新書，2011

さくいん

す◆────────♪

せ◆────────♪

そ◆────────♪

さくいん　*313*

ライフステージと法（第8版）
Life Stage and Law

ARMA

有斐閣アルマ

1996 年 3 月 20 日　初　版第 1 刷発行
1999 年 3 月 10 日　新　版第 1 刷発行
2000 年 4 月 30 日　第 3 版第 1 刷発行
2004 年 10 月 30 日　第 4 版第 1 刷発行
2008 年 5 月 30 日　第 5 版第 1 刷発行
2012 年 3 月 5 日　第 6 版第 1 刷発行
2017 年 7 月 30 日　第 7 版第 1 刷発行
2020 年 4 月 20 日　第 8 版第 1 刷発行

著　者	副田隆重 浜村彰 棚村政行 武田万里子
発 行 者	江草貞治
発 行 所	株式会社　有斐閣

郵便番号 101-0051
東京都千代田区神田神保町 2-17
電話　(03) 3264-1314〔編集〕
　　　(03) 3265-6811〔営業〕
http://www.yuhikaku.co.jp/

印刷・大日本法令印刷株式会社／製本・大口製本印刷株式会社
© 2020, 副田隆重・浜村彰・棚村政行・武田万里子. Printed in Japan
落丁・乱丁本はお取替えいたします。

★定価はカバーに表示してあります。

ISBN 978-4-641-22143-7